もう一つの「幕末史」

半藤一利

PHP文庫

○本表紙図柄＝ロゼッタ・ストーン（大英博物館蔵）
○本表紙デザイン＋紋章＝上田晃郷

もう一つの「幕末史」 目次

第1章

維新には「知られざる真実」がある

権力闘争による非情の「改革」

第2章

幕末「心理」戦争

江戸城無血開城までの「西郷×勝」攻防三カ月

第3章 自らを「アヒルの水かき」と揶揄《やゆ》した男

私が勝海舟に惹かれる理由

第4章 圧倒的薩長軍に抗した〝ラストサムライ〟

河井継之助の「不合理を超える」生き方

第1章

維新には「知られざる真実」がある

権力闘争による非情の「改革」

「幕末史」は黒船来航という外圧により幕を開けた
（提供：GRANGER／時事通信フォト）

「反薩長史観」の半藤語録（本章のあらまし）

もともと黒船来航以来、国力を考えれば欧米列強を敵として戦うことなど無謀なりと、「開国」路線をとったのが幕府で、それに反対して外敵を追い払う「攘《じょう》夷《い》」を叫んだのが朝廷の公家《くげ》連中であり、薩長や土佐の志士たちでした。ところが、その最高指導者たちはかなり前から「尊皇《そんのう》攘夷」など信じていなかった。できっこないとわかっていたというのです。

＊

明治維新というのは単なる薩長による政権強奪じゃないか、と言われるかもしれません。まさにその通りと言っていいのではないかと思います。

＊

そもそも幕末維新の史料、それも活字になった文献として残っているものの多くは、明治政府側のもの、すなわち薩長史観によるものです。勝利者側が史料を取捨選択しており、しかも、その「勝利者の歴史」を全国民は教え込まれてきました。そこでは、薩長が正義の改革派であり、幕府は頑迷固陋《がんめいころう》な圧制者として描かれている。これでは歴史を公正に見ることはできません。私はこれに異議を唱えたいと思ったのです。

＊

私は明治維新とは二重の革命だったのだと考えます。一つは薩長の倒幕による権力奪取。そしてもう一つは、下級武士対殿様、上級武士の身分闘争です。

＊

西郷さんは明治一〇（一八七七）年九月、鹿児島の城山《しろやま》で自刃します。奇しくもその四カ月前、木戸孝允《たかよし》、すなわちかつての桂小五郎が病死し、翌一一（一八七八）年五月、大久保利通《としみち》が暗殺されます。およそ一年ほどの間に、維新三傑が三人ともこの世を去ってしまったのです。三人の死は、ある意味では暴力的な権力奪取でもあった明治維新の〝みそぎ〟の役割を果たしたかのようにも思えます。

＊

ペリー来航から明治元（一八六八）年までが一五年、明治政府成立から西南戦争までが一〇年。そしてみんないなくなった。歴史とは非情なもので、二五年かかったガラガラポン（御一新）はもういっぺんやり直し、となったわけです。

「尊皇攘夷は幕府を倒す口実よ」

ある意外なエピソードから始めるとしましょう。

倒幕運動もいよいよ大詰め、話し合いによる解決策を蹴飛ばして、戦争を覚悟した薩摩と長州が、幕府に武力総攻撃を仕掛けんとする鳥羽《とば》・伏見《ふしみ》の戦い*1の直前のことです。

岩倉具視《ともみ》*2が、薩摩藩士で西郷隆盛の側近中の側近だった桐野利秋《きりのとしあき》*3（当時は中村半次郎）に、

「この戦が終わったら、つぎは攘夷《じょうい》をせねばならないが、その手配はできているのか」

と問うた。中村は「えっ」という顔をしました。まだ攘夷などということを本気で信じているのか、というわけです。

「攘夷など倒幕のための口実で、その実、決して攘夷をするのではなく、むしろ

世界各国と交通して、西洋の長をとり、わが国の短所を補い、ますますわが長所を発揮して帝国の威光を宣揚《せんよう》せねばなりません」

と中村は得々と述べ、あっけにとられている岩倉を残して外に出ると、今度は同行していた薩摩藩士の有馬藤太《とうた》が「攘夷せぬと言うたがあれは本心か」と血相を変えて詰め寄ってきました。

「お前、まだ先生（西郷）から聞いてないのか」

という中村の答えに、有馬はびっくり仰天し、さっそく西郷さんのところへ飛んでいくと、

「あー、お前にはまだ言うてなかったかね。もう言っておいたつもりじゃったが。ありゃ手段というもんじゃ。尊皇《そんのう》攘夷というのはね、ただ幕府を倒す口実よ。攘夷々々と言うて、ほかの者の志気を鼓舞するんじゃ。つまり尊皇の二字のなかに倒幕の精神が含まれておるわけじゃ」

と真意を話した――というのです。

幕末史を考えるとき、このエピソードは実に示唆《しさ》に富んでいます。

「尊皇攘夷」という改革のスローガンが本当はインチキなものであったのか？という素朴な疑問が生じたのです。

学校の歴史の授業で、明治維新＝近代日本のスタートと教え込まれた現代人は――私はこれを〝薩長史観〟と呼んでいますが――、うかうかすると「薩長＝開明派、幕府＝守旧派」という図式を思い浮かべてしまいます。

しかし、もともと黒船来航以来、国力を考えれば欧米列強を敵として戦うことなど無謀なりと、「開国」路線をとったのが幕府で、それに反対して外敵を追い払う「攘夷」を叫んだのが朝廷の公家連中であり、薩長や土佐の志士たちでした。

ところが、その最高指導者たちはかなり前から「尊皇攘夷」など信じていなかった。できっこないとわかっていたというのです。

そして、ここが肝心ですが、それにもかかわらず、この勇ましくも口当たりのいいスローガンを掲げ続けたのです。そうすることで、倒幕の熱気を煽《あお》っていた。「攘夷」という言葉に、それだけのパワーがあったからです。

西郷隆盛という人は幕末維新の指導者のなかでも稀《まれ》に見る誠実な人物だと考え

ていますが、一方では、きわめてリアリスティックな革命家の貌《かお》も持っていたと思います。

倒幕派の公家の最高実力者であった岩倉や、西郷や桐野の長年の同志だった有馬でさえ、最後の段階まで、「尊皇攘夷」の旗印に騙され煽られていた。必ず実行されるものと信じていた。その他大勢はもちろんです。

そこに、「ありゃ手段というもんじゃ」とヌケヌケと言う、このエピソードの凄みがあります。

「攘夷はせず、大いに世界各国と交わる」というのなら、政策的には幕府とほとんど変わりありません。倒幕も戊辰《ぼしん》戦争も必要なく、徳川幕府を含む雄藩連合が政治を司る公武合体でもかまわなかったはずなんです。

そのほうが早く新しい国づくりのスタートを切ることができた。しかし、それじゃ徳川幕府をつぶすことができない。過去二六〇年余り、天下を牛耳《ぎゅうじ》ってきた権力が生き残る。これは我慢のならないことであったのです。

では、明治維新というのは単なる薩長による政権強奪じゃないか、と言われるかもしれません。まさにその通りと言っていいのではないかと思います。

＊1　鳥羽・伏見の戦い　一八六八（慶応四）年一月、京都南郊の鳥羽・伏見で勃発した、薩長を中心とする新政府軍と旧幕府軍との戦い。戊辰戦争の始まりとなった。

＊2　岩倉具視　幕末・明治の公家、政治家。公武合体につとめるが、のちに倒幕運動の宮廷における中心。維新後は政府の中枢《ちゅうすう》を担った。（一八二五〜八三）

＊3　桐野利秋　幕末・明治の志士、軍人。薩摩藩士。はじめ中村半次郎と称した。〝人斬り半次郎〟とも言われた剣の達人。維新後は陸軍少将となったが、征韓論で辞職。西南戦争に西郷軍の総参謀長として参加したが、戦死。（一八三八〜七七）

「薩長史観」――まかり通る

昭和五（一九三〇）年に東京向島《むこうじま》で生まれた私は、戦前の教育で、「薩長土肥の若き勤皇の志士たちが天皇を推戴《すいたい》して、守旧派の幕府を打ち倒し新しい国をつくった」という薩長史観をみっちり学校で仕込まれた世代です。

戦前の日本には、それ以外の歴史の見方はありませんでした。ところが父の郷里である新潟県の長岡に行くと、祖母から教科書とは逆の歴史を聞かされます。

「明治新政府だの、勲一等だのと威張っているヤツが東京にはたくさんいるが、あんなのは泥棒だ。七万四〇〇〇石の長岡藩に無理やり喧嘩を仕掛けて、五万石を奪いとってしまった。連中の言う尊皇だなんて、泥棒の理屈さ」

長岡藩は家老・河井継之助《つぎのすけ》の指揮のもと、「官軍」――私は〝西軍〟と呼んでいますが――を相手に大奮闘。一度は長岡城を奪われますが、夜襲をかけて取り戻しました（くわしくは第４章でお話しします）。

このとき西軍の参謀だった山県有朋《やまがたありとも》＊1は大いにあわてて、ふんどし一つにひょうたんをぶら下げて逃げ出し、副将格の西園寺公望《さいおんじきんもち》＊2は陣羽織《じんばおり》を裏返しに着て、馬にさかさまに乗って尻尾のほうに顔を向けながら逃げ出した。

このような痛快な話を聞きながら育ち、長じて〝歴史探偵〟として幕末史を検証していくと、世間でまかり通っているのは、これはまさしく薩長が自分たちの武力革命を正当化した「薩長史観」なのではあるまいか、と考えるようになりました。

その子供のときから頭に刻み込まれた素朴な疑問から発したのが、「幕末史」について書くようになった動機なんです。

そもそも幕末維新の史料、それも活字になった文献として残っているものの多くは、明治政府側のもの、すなわち薩長史観によるものです。勝利者側が史料を取捨選択しており、しかも、その「勝利者の歴史」を全国民は教え込まれてきました。

そこでは、薩長が正義の改革派であり、幕府は頑迷固陋な圧制者として描かれている。これでは歴史を公正に見ることはできません。

私はこれに異議を唱えたいと思ったのです。

それに困ったことに、今の一般の日本人は活字になったものしか、古い文献を読みこなせないのですね。

昔の人は筆の字でしかも上手、かつ崩し字の草書体で日記や手紙を書いています。これが専門家ではない私たちには読めない。読めないから、仮に敗者側のいい史料があったとしても、これがなかなか広まらない。どうしても薩長側の活字史料に頼るしかないのです。

「維新」というもっともらしい呼び名も、私に言わせれば薩長政府のプロパガンダの一つだと思います。いつから誰が正式に使い出したのか。中国の古典『詩《し》経《きょう》』にある言葉だそうですが、明治初期の詔勅《しょうちょく》＊3、太政官布告《だじょうかんふこく》＊4などを見ても大概は「御一新」で、維新という言葉は用いられていません。少なくとも明治一〇年代まではほとんど見当たりません。

明治一〇年代の中頃から自分たちの暴力による政権簒奪《さんだつ》を、厳《おごそ》かな美名で飾り立てたのではないか、と私はにらんでいます。そしてそれが成功した、と。

＊1　山県有朋　明治・大正の軍人、政治家。長州藩出身。吉田松陰の松下村塾《しょうかそん》に学ぶ。維新後は、近代陸軍を創設し、のちに内相・首相を歴任。（一八三八〜一九二二）

＊2　西園寺公望　明治・大正・昭和の政治家。公卿出身。戊辰戦争では山陰、北陸に転戦した。維新後はフランスに留学。帰国後、政界に入ったのちは、二度首相をつとめた。昭和時代には、たった一人の元老として政治を左右した。（一八四九〜一九四

〇）

＊3　詔勅　天皇の意思を表示する公文書。詔書・勅書・勅語の三形式がある。

＊4　太政官布告　明治維新後、太政官が公布した法令の形式。のちの法律にあたる。

グローバリズムと不況が「攘夷」を生んだ

嘉永《かえい》六（一八五三）年六月、アメリカのペリー艦隊が浦賀に来航し、幕府に開国を要求する。黒船四隻《せき》の大砲にものを言わせての強硬な要求です。このときから、日本国内は開国派と攘夷派に分かれて、上を下への大騒ぎとなります。

このように幕末史は、まず外圧によって幕を開けました。

当時、一般の人々は圧倒的多数が攘夷、すなわち夷狄《いてき》（野蛮人）を討《う》ちはらえ、と唱えました。〝砲艦《ほうかん》外交〟による猛烈な外圧を加えられた日本人は、とにかく感情的な反発を抱いたのです。こういうときに、はしゃぎ出すのが日本人なんですね。

今風に言えば、鎖国状態にあった日本がいきなりグローバリズムの挑戦を受けた、ということになります。

私見では、これまでに日本が国際社会からの強い圧迫に直面したことは二度ありました。

一度は幕末で、二度目は昭和の一〇年代、すなわち先の戦争に向かう時期です。この昭和のときも、「米英討つべし」「大東亜新秩序」という空気が国中に生まれました。つまり「攘夷」そして「御一新」です。強い外圧にさらされたとき、国民の間には熱狂的なナショナリズムが生じやすくなるのです。

しかも、幕末のこの時期には自然災害などが続発し、しばしば飢饉《ききん》が起きるなど、経済的にも切迫した状況が続いていました。百姓一揆《いっき》もひんぱんでした。これも昭和恐慌や世界恐慌などに見舞われた昭和初期とも重なり合います。

たとえば、ペリー来航の翌々月の八月、越後長岡領栃尾《とちお》郷八六カ村農民一万人が秋葉山《あきはやま》に集結、役人や富商を襲撃する、といった具合です。農民たちはヒーヒー言っていました。

しかも、幕府の開国政策によって、外国との貿易が始まってみると、米や麦、生糸、お茶が盛んに輸出されたため、たちまち価格が高騰し、人々の攘夷感情をいっそう昂《たかぶ》らせた、という側面も見逃せません。

そんなふうに、開国に向かってまず舵《かじ》を切ったのが幕府でした。

ペリーのアメリカをはじめ西洋列強との交渉の舞台に直接、立たされた幕府は大いにあわてますが、海外の情報はオランダなどからかなり豊富に得ていたのです。

なかでも日本が特別重大なものと受け止めたのは、天保《てんぽう》一一（一八四〇）年に起きた中国のアヘン戦争に関するもので、あの強大な清国がイギリスの艦隊を前に無惨な敗北を喫し、領土まで奪われてしまった。

開明的だった老中の阿部正弘《あべまさひろ》＊1、堀田正睦《ほったまさよし》＊2といった人々はそれをよく知っていて、圧倒的な西洋列強の武力の前に、勝算もないまま攘夷を言い立てるのは愚かであり、危険なことだと見通していました。

情報と言えば、こんなエピソードが残されています。

浦賀にやってきたペリー艦隊のアダムス大佐、ブキャナン大佐は、浦賀奉行筆頭与力《よりき》の香山栄左衛門《かやまえいざえもん》に対して、開国を認めよ、と強硬に主張します。一方的に押しまくられた香山さん、このままでは無念と思ったのでしょう。帰り際に、
「ところで、あなた方の国の地峡を通る運河はもう完成しましたか」
と尋ねたといいます。これをブキャナンらは、パナマ運河のことと解釈しましたが、まさかこんな極東の島国の一官僚がそこまでの情報を把握しているとは、と相当に驚いたようです。

海外の情報という点では、のちの倒幕勢力の雄、薩摩、長州も有利な立場にありました。薩摩は琉球、長州は長崎、対馬、そして朝鮮半島に近く、中国などとの行き来もあった。両藩ともに密貿易で得た経済力と情報力で、倒幕運動を支えていたのです。

高杉晋作《しんさく》は文久二（一八六二）年に上海に渡り、西洋列強に植民地のようにされている様子を実地で見聞し、太平天国の乱にもたまたま出会っている。伊藤俊輔《しゅんすけ》（博文《ひろぶみ》＊3）なども何度も上海に密航しています。

この点は西国の藩が有利で、東北諸藩は不利なんですね。

英明な君主として知られた薩摩藩主の島津斉彬《なりあきら》*4は西洋の科学や技術の吸収に非常に熱心で、早い時期からの開国論者でした。長州の思想的指導者、吉田松陰*5も列強の押し付けによる開国は拒否しなくてはならない、その上であらためて自主的に開国すべきだ、という「一旦攘夷・のちに自主開国」論を唱えている。

斉彬も松陰も早くに世を去ってしまったために、両藩は一度は攘夷に大きく振れますが、のちに薩長の指導者たちが攘夷から開国へと一八〇度の方針転換を行ない得たのも、豊富な海外知識があったからこそでした。

とくに方針転換の大きな契機となったのは、両藩が西洋列強と直接戦ったことです。薩摩は文久三（一八六三）年七月に薩英戦争を起こし、長州は元治《げんじ》元（一八六四）年八月、英仏蘭米の四カ国連合艦隊と戦い、あっさり降伏しています（下関戦争）。

薩英戦争で薩摩は二万五〇〇〇ポンド、長州は四カ国から計三〇〇〇万ドルの賠償金を要求されましたが、いちばんひどい目にあったのは幕府で、というのも、連合国は賠償金を幕府にも要求してきたからです。やむなく分割で払ううち、一五〇万ドル払ったところで幕府は瓦解《がかい》してしまい、残りは明治政府が支払いました。

また、文久二（一八六二）年八月、島津久光《ひさみつ》の行列を横切ったイギリス人を薩摩藩士が惨殺した有名な生麦《なまむぎ》事件で、幕府は一〇万ポンド（約二七万両）もの賠償金をとられてしまう。

暴走する薩長のとばっちりで、高額の支払いの責任を負わされ、幕府の財政はどんどん悪化していったのです。

＊1　**阿部正弘**　幕末の老中。備後《びんご》（広島県）福山藩主。老中首座をつとめ、ペリー来航に際し開国を決意、翌年諸国と和親条約を締結した。公武間や諸大名との協調による幕政改革に尽力したが中途で若くして病死。（一八一九～五七）

＊2　**堀田正睦**　幕末の老中。下総《しもうさ》佐倉藩主。阿部正弘から老中首座を譲り受け、日米修好通商条約勅許を得ようとしたが失敗。将軍継嗣《けいし》問題では一橋派に属したため、井伊直弼《なおすけ》の大老就任後、老中を罷免《ひめん》された。（一八一〇～六四）

＊3　**伊藤博文**　明治の政治家。長州藩出身。松下村塾に学ぶ。初代内閣総理大臣。日露戦争後、初代韓国統監として韓国併合の道をしいたが、ハルビンで暗殺された。（一八四一～一九〇九）

＊4　島津斉彬　幕末の薩摩藩主。和漢洋の学問に秀で、早くから開国の意見を持つ。西郷隆盛や大久保利通《としみち》ら下級武士を登用して藩政改革につとめ、殖産興業・海防強化を推進。将軍継嗣問題では一橋派に属し、雄藩連合の中核となった。（一八〇九〜五八）

＊5　吉田松陰　幕末の志士、思想家。長州藩士。一〇歳で藩校明倫館《めいりん》で講義を行なう。山鹿《やまが》流兵学師範をつとめ、江戸に出て佐久間象山《しょうざん》に師事。ペリー再航の際、海外密航を企て失敗し、萩の野山獄《のやまごく》につながれる。出獄後、松下村塾を開き、高杉晋作、久坂玄瑞《くさかげんずい》、木戸孝允《たかよし》、伊藤博文、山県有朋らを育てる。安政の大獄により江戸伝馬《てんま》町《ちょう》の牢で刑死した。（一八三〇〜五九）

誰も天皇を知らなかった⁉

実を言うと「尊皇攘夷」の尊皇のほうも、怪しいものでありました。

なるほど、知識人、政治活動家の間には、水戸藩を中心とした尊皇思想や、吉田松陰が松下村塾で教えた尊皇の精神は徐々に広まっていましたが、ごく少人数です。結局は、倒幕のためのイデオロギーという側面のほうが強かった。

桂小五郎（のちの木戸孝允）が書いた手紙のなかに「その期に先んじて甘《うま》く玉《ぎょく》（明治天皇）を我が方へ抱き奉《たてまつ》り候……万々一にも（玉を）かの手（徳川方）に奪われて候ては……芝居大崩れと相成り、三藩（薩長土）の亡滅は申すに及ばず」とあるように、天皇も倒幕のための駒《こま》にすぎない、という冷徹さを薩長の指導者たちは有していました。それは公家たちと共謀して、やたらにニセの詔勅を乱発したり、錦《にしき》の御旗《みはた》*1を勝手にこしらえたりしたことからもうかがえます。

それに、当時の日本人の圧倒的大多数は、天皇の存在を意識することはほとんどなかったのです。天皇（つまり御門＝ミカド）は京都の外に出るどころか、宮廷から出ることもありませんでしたから。

しかし、時の孝明《こうめい》天皇*2が強烈な攘夷論者であったことが尊皇と攘夷を強く結びつかせ、朝廷こそが攘夷・反幕府運動の総本家であるかのようなイメージを志士たちに与えたのでしょう。皮肉なことに、孝明天皇自身は徳川将軍家に対してきわめて厚い信頼を抱いていたのですが。

では、本心からの尊皇主義者はいなかったか、と言うと、そうではありません。きわめつけがいます。

一五代将軍、徳川慶喜《よしのぶ》です。*3

もともと慶喜は水戸藩の出身。水戸藩と言えば、光圀《みつくに》公（第二代藩主）以来、「日本は万世一系《ばんせいいっけい》の天皇がしろしめす国である」という思想を信奉し続けている藩です。

ですから、薩長軍と幕府軍がぶつかり合い、一進一退の状況が続いていた鳥羽・伏見の戦いで、前日まで「一〇〇〇騎が一騎になるまで退くな」と言っていたのに、長州がひそかにつくった錦の御旗が三本立っただけで、歴史に朝敵の汚名を残したくない、とばかりに彼は江戸に逃げ帰ってしまった。まったく情けない話です。

後日、慶喜は、

「われらはたとえ幕府にそむくとも、朝廷に向かいて弓引くことあるべからず。これ義公《ぎこう》（徳川光圀）いらいの家訓なり」

と述懐しています。その忠誠心はご立派ですが、こういう大きくブレる人がトップに立つと、その下で頑張っていた松平容保《かたもり》*4や川路聖謨《かわじとしあきら》*5のような幕臣たちは浮かばれないな、と思えてなりません。

徳川慶喜という人は決して能力がないわけではないのですが、くるくると意見が変わり、リーダーとしては実に頼りがいのない人物です。

その点、昭和戦前期の近衛文麿《このえふみまろ》首相とよく似ています。頭はいいし、血筋はすばらしいが、考えがフラフラする。危機の時代のリーダーとしてはもっとも不適当と言っていいでしょう。

こういう人たちがいちばん大事なときにトップに立ったことが、幕末と昭和の歴史の不幸ということになります。

＊1　**錦の御旗**　日月を金銀で刺繡《ししゅう》し、または描いている赤地の錦の旗。鎌倉時代の頃から、朝敵討伐の際、官軍の標章として用いられた。

＊2　**孝明天皇**　第一二一代の天皇。攘夷と公武合体を支持し、一四代将軍徳川家茂《いえもち》へ、妹・和宮《かずのみや》の降嫁《こうか》を許した。疱瘡《ほうそう》で急死したが、毒殺説もある。（一八三一～六六）

＊3　**徳川慶喜**　徳川一五代将軍。水戸徳川斉昭《なりあき》の七男。はじめ一橋家を継ぎ、後見職と

して将軍家茂を補佐。慶応二（一八六六）年に将軍となったが、内憂外患に直面して、翌年に大政を奉還。江戸城を明け渡したのちは水戸に退き、駿府《すんぷ》に隠棲《いんせい》。のちに公爵となり、大正二年まで生きた。（一八三七〜一九一三）

＊4 松平容保 幕末の会津藩主。京都守護職となり、尊皇攘夷派を弾圧、公武合体に尽力。鳥羽・伏見の戦いに敗れ、会津に帰国。会津若松城で抗戦したが降伏。のち許され日光東照宮宮司《ぐうじ》となる。（一八三五〜九三）

＊5 川路聖謨 江戸末期の旗本。豊後《ぶんご》（大分県）の人。佐渡奉行・勘定奉行・外国奉行などを歴任。ロシア使節プチャーチンと交渉し日露和親条約を結ぶなど海防・外交で活躍。江戸開城の翌日、ピストル自殺した。（一八〇一〜六八）

意外に開明的だった幕府

薩長史観によると、薩長土肥の優れた若き志士が、頑迷固陋な幕府を打倒したことになるのでしょうが、実際には幕府側に開明的な人材が少なくありませんでした。

その代表的な人物が、先にもふれた、ペリー来航時に三五歳の若さで筆頭老中をつとめていた阿部正弘。この人は二五歳で老中に抜擢《ばってき》された逸材で、彼の存在がなかったら、幕府はもっと混乱をきたした可能性は高い。

阿部さんの功績は、何といっても有為の人材を次々に登用したことです。異国応接掛《がかり》の岩瀬忠震《ただなり》、海防掛の大久保忠寛《ただひろ》（一翁《いちおう》）、勘定奉行で露使応接掛をつとめた川路聖謨、長崎海軍伝習所の初代総督となる永井尚志《なおゆき》といった新進気鋭の幕僚たちが、阿部さんによる抜擢でこの困難な時期の幕政を支えたのです。

さらに、この人たちに見出された一人が、小普請組《こぶしんぐみ》という無役の旗本の息子にすぎなかった当時三一歳の勝麟太郎《りんたろう》、のちの勝海舟です。私の贔屓《ひいき》でもあります。

阿部さんは国家の一大事だからと、すべての大名、その藩士、御家人、そればかりか江戸の町民にいたるまで、いい意見があれば進言するように布告します。これは江戸幕府始まって以来のことでした。

春秋の筆法をもってするなら、この阿部さんの布告が幕府の崩壊を招いた、と言えなくもありません。というのは、国家の一大事に際して広く意見を求めたことで、下級武士や民衆にも「おれたちにも発言権があるんだ」と思わせてしまった。これは幕藩体制の維持を最優先に考えるならば、阿部さんは〝パンドラの箱〟を開けてしまったことになります。

しかし、そうした危険を冒してでも、挙国一致で国難を乗り切ろうとした阿部さんの姿勢は、「広く会議を興《おこ》し万機公論に決すべし」「上下心を一にして盛《さかん》に経綸《けいりん》を行うべし」という五箇条《ごかじょう》の御誓文《ごせいもん》*1の精神を先取りしていたとも言えるのではないでしょうか。

ところが、この阿部さんが心労もあって、安政四（一八五七）年六月、三九歳で病死してしまいます。歴史に〝if《イフ》〟はありませんが、この人がもっと長生きしていたら、とつくづく思うんですが。

阿部さんの死後、安政五（一八五八）年の四月に大老の座に就いたのが、あの井伊直弼*2でした。井伊は強硬な開国派で、朝廷などの反対を押し切って、幕府の独断で日米修好通商条約に調印します。

このあとは、くどくなるので省略しますが、安政の大獄《たいごく》[*3]など強硬手段をとり、独裁体制をしいた井伊が、安政七（一八六〇）年三月三日、水戸（一七名）と薩摩（一名）の浪士によって殺害されてしまいます。「桜田門外の変」です。

＊1　**五箇条の御誓文**　慶応四（明治元）年三月一四日に、天皇が天地の神々に誓うという形式で示された明治新政府の基本方針。由利公正《ゆりきみまさ》が原案を起草し、福岡孝弟《たかちか》が修正し、木戸孝允が加筆修正したとされる。

＊2　**井伊直弼**　幕末の大老。近江彦根藩主。勅許を得ずに日米修好通商条約に調印し、また、将軍継嗣問題では紀伊の徳川慶福《よしとみ》（家茂）を推し、反対派を安政の大獄で処分。水戸・薩摩の浪士に江戸城桜田門外で暗殺された。（一八一五～六〇）

＊3　**安政の大獄**　安政五（一八五八）年から翌年にかけて、大老井伊直弼が反対派に加えた大弾圧。橋本左内《さない》、吉田松陰ら八名が処刑され、水戸藩主徳川斉昭・慶篤《よしあつ》父子、越前藩主松平慶永《よしなが》らも処罰された。連座者は一〇〇名を超過。

〝桜田門外の変〟と〝二・二六事件〟の共通点とは？

およそ日本の歴史で、暴力や殺人そのもので時代の流れが大きく変わった、という事例はほとんどありません。しかし、それに対する恐怖心が歴史を動かしてしまったことは二度あった、と私は考えています。

その一つがこの桜田門外の変、もう一つが昭和の二・二六事件。

昭和一一（一九三六）年の二・二六事件そのものは、反乱将校たちの意に反して、統制派が陸軍の実権を掌握《しょうあく》する結果に終わりましたが、その後、政財界および官界は軍によるクーデタの可能性に脅え、その無法な要求に屈するようになってしまいます。

太平洋戦争に「もはや勝機なし」となってからもずるずると玉砕戦を続け、昭和二〇（一九四五）年八月まで終戦が容易でなかったのは恐怖ゆえでした。昭和天皇でさえものちに『昭和天皇独白録』で恐怖を訴えています。

桜田門外の変でも、幕府の政策自体は大きく変わりませんでしたが、幕閣たちには大きな衝撃を与えました。

さらに二年後の文久二（一八六二）年一月、老中の安藤信正《のぶまさ》が水戸、宇都宮藩士らの攘夷派に襲撃される坂下門外の変が起きると、もう老中たちは情けないくらいに腰が引けてしまいます。そのくせ、難局打開のために幕閣の数ばかりが増える。五人だった老中が一〇人、いやそれ以上になってますます何も決まらなくなり迷走を続けます。

集団指導体制と言えば聞こえはいいですが、リーダーシップがなく、有象無象《うぞうむぞう》が集まったダメな組織の典型になってしまったわけです。背後に恐怖心があるから、それはやむを得なかったかもしれません。

島津久光が一〇〇〇人の薩摩藩兵を率いて、京都、江戸に乗り込んできたのも、この文久二年です。

久光は島津斉彬の異母弟で、斉彬のあとを継いだ藩主・忠義《ただよし》の父親でした。薩摩藩では国父として敬われていますが、一歩外に出れば無位無官で、政治に口を出せるような資格は何もありません。

しかし、野心家だった久光は、大砲まで備えた軍を伴い、四月、朝廷と幕府の調停者たらんと、いきなり上洛したわけです。そして、不穏な浪人どもを鎮圧せよ、と攘夷派を徹底的に取り締まります。

なかでも、人々を戦慄《せんりつ》させたのは、伏見の船宿の寺田屋に集まった強硬な尊皇攘夷派の薩摩藩士六名を斬殺、二人に重傷を負わせた「寺田屋事件」でした。

いわば公衆の面前で凄絶な内部抗争を繰り広げるのを見て、薩摩藩は何をするかわからないと京都中が震えあがったのです。もちろん幕閣も、です。

その勢いで、六月、江戸に乗り込んだ久光は、将軍が上洛して天皇に会うこと、雄藩大名を起用し五大老を設置すること、慶喜と松平春嶽《しゅんがく》（慶永）*1を幕府首脳にすること、という三つの要求を幕閣に突きつけ、否応なしに認めさせます。まさに恐怖をテコにした威迫行為と言えるでしょう。

ちなみに斉彬の寵愛《ちょうあい》を受けていた西郷さんは久光を軽侮していました。この上洛を前に久光に呼び出されたときも、久光は斉彬ほどの器量も人望もない「地五《じご》郎《ろ》（田舎者）」だから無理だ、余計なことはすべきではない、と発言し、嫌忌されてのちに島に流されてしまいます。

一方、西郷の盟友、大久保利通[*2]は薩摩の国力を利用しなければ倒幕の志は達せられないという見通しを持って、とりあえず久光の言うことをハイハイと言って聞き、久光の側近でい続けます。この二人の個性の違いが、のちに西南戦争[*3]で敵味方に分かれるおおもとになったのかもしれません。

しばしば、「明治維新は無血革命だった」などと言います。

しかし、久光上洛以後、京都で相次いだ暴力や殺人の嵐、その後の戊辰戦争の悲劇をつぶさに見ていくと、「明治維新」がいかに多くの血が流れた凄惨な権力闘争だったか、あらためて思い知らされます。

寺田屋で攘夷派を殺戮《さつりく》し、京都でも徹底的に力ずくで弾圧した島津久光が江戸に出発すると、京都では、今度はその攘夷派による暴力行為が頻発するようになりました。反発はかえって激越化してしまったのです。

薩摩の田中新兵衛、中村半次郎（桐野利秋）、土佐の岡田以蔵《いぞう》、肥後の河上彦《げん》

斎《さい》など有名な刺客剣客が、安政の大獄の際に活躍した幕府側の役人や公武合体論者、開国論者、攘夷派で裏切り者と目された人物などを連日連夜斬りまくったのです。

のちに明治の元勲《げんくん》と呼ばれる人々も、幕末期にはこんな凶行をして活躍していたんですね。

文久二（一八六二）年、江戸は品川御殿山《ごてんやま》の英国公使館焼き討ちは、高杉晋作の指揮のもと、久坂玄瑞、*4 伊藤博文、井上馨《かおる》*5、品川弥二郎《やじろう》*6ら長州藩の一二名が実行犯でした。長州藩の名声を高めるための暴挙と言ってもいいでしょう。

このとき彼らは品川の遊廓《ゆうかく》、土蔵相模《どぞうさがみ》に集合したのですが、気持ちが昂るばかりで、手際が悪い。せっかくつくった火薬玉を井上馨の愛娼の部屋へ忘れていったのだそうです。焼き討ちが終わって戻ってきたところ、「肝心の道具をお忘れになるようでは、行く末が案じられてなりません」と愛娼にたしなめられ、ぐうの音《ね》も出なかったとか。

文芸評論家の野口武彦さんの書いたもので知ったのですが、伊藤博文はその直後に、盲目の国学者塙保己一《はなわほきいち》の息子で、やはり国学者だった塙次郎（忠宝《ただとみ》）暗殺に手を染めています。

次郎は、かつての老中の安藤信正に頼まれて、過去の外国人待遇の先例を調べていたのですが、それが攘夷派の志士たちの間で天皇の退位を研究しているという事実無根の噂になって広まってしまった。

で、伊藤はわざわざ入門志望者と偽って、次郎の顔を覚え、後日、惨殺の挙に出たのです。家に押し入って斬ったのではない、帰宅を往来で待ち伏せしてやったのだと、のちに得々として（?）語っているようです。

政治的意味はゼロに等しい暗殺でしたが、貧しい足軽出身の伊藤にとって、志士の間でハクをつけるために必要だったのでしょうか。〝初代首相〟もやくざの鉄砲玉と大して変わりなかったようです。

日本はまったくすごい国ですね。

＊1　松平春嶽（慶永）　幕末の越前藩主。春嶽は号。橋本左内などの有能な藩士や、肥後から招いた横井小楠《しょうなん》の補佐を得て、藩政改革に功をあげる。将軍継嗣問題や条約締

結の件で大老・井伊直弼と意見を異にし、安政の大獄で隠居謹慎を命ぜられたが、のちに赦免。明治政府では議定《ぎじょう》・民部卿《みんぶきょう》・大蔵卿を歴任した。（一八二八〜九〇）

＊2　大久保利通　幕末・維新期の政治家。薩摩藩出身。旧名は一蔵《いちぞう》。西郷隆盛らとともに倒幕運動を指導し、維新後の新政府では参議・内務卿などの要職を歴任。中央集権国家の成立に貢献したが、西南戦争の翌年、東京紀尾井坂《きおいざか》で暗殺された。（一八三〇〜七八）

＊3　西南戦争　明治一〇（一八七七）年、鹿児島の士族が西郷隆盛を擁立して蜂起した反政府反乱。国内で最後の内戦。西郷が設立した「私学校」の生徒が中心となって二月に挙兵、熊本城を攻略できないうちに政府軍の反撃にあって敗退。九月二四日、鹿児島の城山にて西郷が自刃して終わる。

＊4　久坂玄瑞　幕末の志士。長州藩士。吉田松陰の妹婿。高杉晋作とともに松下村塾の双璧と言われた。尊皇攘夷を唱え、蛤御門《はまぐりごもん》の変（禁門の変）に加わり、負傷して自刃。（一八四〇〜六四）

＊5　井上馨　明治の政治家。長州藩出身。通称、聞多《もんた》。松下村塾に学び、倒幕運動に参加。維新後は政府の中心人物の一人となり、要職を歴任。財界との結合が強く、「三井の番頭」と評された。（一八三五〜一九一五）

＊6　品川弥二郎　明治の政治家。長州藩出身。松下村塾に学び、倒幕運動に参加。維新

後はイギリス・ドイツに留学し、帰国後、内務省・農商務省の要職を歴任。（一八四三～一九〇〇）

露骨に差別された「負け組」

私のように「佐幕派」の目で幕末を調べていると、腹が立ってくるのは、慶応四（一八六八）年、鳥羽・伏見の戦いでまんまと〝官軍〟となりおおせた薩長軍の横暴ぶりです。いや、策略ぶりか。

そもそも慶応元（一八六五）年に朝廷も、日本の国力では攘夷は不可能と悟って、ついに攘夷の方針をとりやめ開国を承諾しています。幕府との政策の違いはなくなった。しかも慶応三（一八六七）年一〇月には慶喜さんは大政奉還しているのですから、そこから公武合体でも、雄藩の諸侯による共和制でもいいから、開国の統一した国策のもと、新しい国づくりをすればよかったはずです。

ところが、薩長はそれに目もくれなかった。あくまでも暴力的に政治権力を奪取しようとします。私に言わせれば、戊辰戦争とは東北や越後の諸藩に対する侵略戦争にほかなりません。あの時点では間違いなく薩長は〝暴力集団〟でした。その犠牲となったのが、京都警護に真摯《しんし》に取り組み、孝明天皇から絶大な信頼を得たにもかかわらず最後には賊軍とされてしまった会津藩の松平容保であり、長岡藩の河井継之助でした。

薩長があえて必要のない戦争を、奥羽越《おううえつ》列藩同盟[*1]の諸藩に仕掛けたのは、「勝ち組」と「負け組」をはっきりさせたかったからではないか。「官軍」の名を自分たちのものにしたかったのではないか。

それが証拠というわけではありませんが、明治政府発足後も、賊軍=負け組とされた藩の出身者は、露骨に疎外され続けました。官への道は閉ざされたため、学者、医者、技術者といった分野で身を立てるしかなかった。自分で自分の道を切りひらくよりほかはなかった。〝閥〟なんかを頼りにするわけにはいかなかったのです。

閥と言えば、それがより顕著にあらわれたのが、軍隊でした。

陸軍は勝ち組の長州、海軍は薩摩が牛耳ったために、たとえば日清戦争が終わった直後の明治三〇（一八九七）年の陸軍大将は全員が薩長出身。海軍は薩摩出身、それに加えて宮様です。中将、少将だってほとんど薩長出身なのです。

陸軍中将で言えば、長州一二人、薩摩一三人、土佐二人、福岡四人、東京一人。少将は長州四〇人、薩摩二六人、高知六人、福岡四人、石川四人、東京二人といった有様です。薩長閥がいかに肩で風を切って歩いていたかが、うかがわれます。

太平洋戦争の終戦時に首相をつとめた鈴木貫太郎《かんたろう》は譜代の関宿藩《せきやど》（千葉県）出身だったために、海軍に入りましたが、露骨な賊軍差別に苦しみました。自分よりはるか後輩の薩長出身の者が追い抜いて出世していく。腹を立てて、軍を辞めようかと三度も思いつめたほどなんです。

司馬遼太郎さんの『坂の上の雲』*2で広く世に知られた秋山好古《よしふる》・真之《さねゆき》の兄弟は、賊軍の松山藩でしたから、たいへんな苦労を重ねながらその持てる才能で出世していった人たちなのです。

こうした賊軍意識は、現在の日本でも決して無縁ではありません。〝白河以北は〝一山《ひとやま》幾ら〟の思いは今もあります。東日本大震災後の東北の人の苦闘に、思いをいたしてください。

考えてみると、戊辰戦争はしなくてもよかった戦争だったという感のみが深くなります。しかし、革命とはそういうもので、敵を徹底的につぶさなければいけないのですね。水に落ちた犬は叩け、なのです。

＊1　奥羽越列藩同盟　戊辰戦争に際し、東北・北陸諸藩が結んだ反政府同盟。仙台藩を中心に奥羽二五藩、その後、越後六藩が参加して盟約、会津藩征討中止などを要求し、押し寄せる薩長軍を連合して迎え撃とうとした。しかし敗退が続くなかで瓦解。

＊2　『坂の上の雲』　司馬遼太郎の代表作の一つとされる、長編歴史小説。松山出身の三人の男たち――日露戦争においてコサック騎兵を破った秋山好古、日本海海戦の参謀秋山真之兄弟と文学の世界に巨大な足跡を遺した正岡子規――を中心に、維新から日露戦争の勝利にいたる明治日本が描かれる。

展望のなかった新政府

それにしても、〝明治革命〟は誰も予想しなかったほど徹底的な改革でした。気がつくと殿様も、武士という階級もなくなってしまいました。

どうしてこんなことが可能だったのか――。

私は明治維新とは二重の革命だったのだと考えます。一つは薩長の倒幕による権力奪取。そしてもう一つは、下級武士対殿様、上級武士の身分闘争です。

下級武士たちは殿様をかついで倒幕に利用しながら、それが実現するとあっさり殿様を切り捨てていった。版籍奉還（明治二年）と廃藩置県（明治四年）によって殿様たちの既得権益を見事に奪い取りました。地に叩きつけたんです。

幕末とは幕閣のみならず各藩の体制もがんじがらめで、どうにもならぬほど閉塞的だったんでしょうね。

薩摩の西郷、大久保も下級藩士の出身ですし、土佐の坂本龍馬や中岡慎太郎、武市半平太《たけちはんぺいた》などはいずれも郷士《ごうし》（下級武士）出身でした。長州の伊藤博文、山県有朋にいたってはともに足軽出身です。

なかでも山県は、足軽のなかでもいちばんの下っ端の出身で、若いときに武士の前で土下座させられたり、馬鹿にされて蹴られるといった経験を何度もしていますから、士族に対する共感はなかったと言っていいでしょう。

山県がのちに徴兵制（明治六年）により国民皆兵の軍隊創設を主導したのも、廃刀令の発布（明治九年）を建議したのも、足軽時代の体験と深くかかわっているのではないかと推測されます。いずれにしてもサムライの金不足、士族の実質的解体ですから。

さて明治元（一八六八）年の段階で、のちに「維新の元勲」に成り上がった人たちはいったい何歳くらいだったのでしょうか。ざっと並べてみます。

岩倉具視四四歳、西郷隆盛四二歳、大久保利通三九歳、木戸孝允三六歳、井上馨三四歳、三条実美《さねとみ》*1と板垣退助《いたがきたいすけ》*2が三二歳で、山県有朋と大隈重信《おおくましげのぶ》*3が三一歳、伊藤博文が二八歳。ちなみに勝海舟は四六歳。

みな若いですねえ。今で言えば、会社の課長か係長くらいの年齢です。それだけに、いざ政権を握ってみると大混乱の連続でした。

明治二（一八六九）年二月、東京に新政府ができますが、要するに倒幕勢力の寄り合い所帯で、てんでばらばらに好き勝手なことを言っているだけ。

木戸孝允が「多くはただ己《おの》れに利を引き候ことのみにて」と嘆けば、三条実美が「ほとんど瓦解の色相顕《あいあらわ》れ」と蒼ざめるような有様でした。

幕府を倒し権力は奪取したものの、やっていることと言えば、毎日役所に出てきて座禅、アクビ、たばこをふかすだけ、明治政府には新しい国づくりの展望などなかったのです。

この危機を乗り切ったのは、一つには大久保利通のたぐいまれな政治センスが大きかったと思います。

まず大久保は明治二（一八六九）年の五月には、それまで議定と参与で三〇人もいた政府幹部を一〇人にまで減らします。そして七月には参議四人に絞り、その下に民部、大蔵、外務などの六省を置いてそれぞれのトップに自分の息がかかった人物を配置したのです。決定機関をスリム化するなかで、とにかく省をつくって、政府のやるべき方向性もしっかり固めていきました。

興味深いのは、このとき西郷さんは東京にいないんですね。奥羽戦争の総指揮をとった西郷さんは戦の帰趨《きすう》を見届けると、薩摩に帰ってしまったのです。そして、戦後になって使い捨てにされつつある下級士族の救済に力を注いでいました。

西郷さんはリアリストである一方で、負け組に荷担するような心情を強く持っていました。成り上がりの元勲たちが東京に出てきて豪邸を建て多くの女性を侍《はべ》らして豪奢《ごうしゃ》な毎日を送るなか、彼だけは、薩摩に帰っても以前と変わらぬ質素な暮らしをしていました。

その西郷さんが岩倉や大久保たちからの強い要請があって中央に戻ってきたことが、足取りのおぼつかなかった明治新政府にとって決定的なこととなりました。

国民軍をつくり、廃藩置県を断行するためには西郷のカリスマ性が絶対に必要だ、という山県有朋の強い主張に最後には応じて、明治四（一八七一）年二月、東京にやってきた西郷さんは、薩長土三藩の兵による一万人の御親兵《ごしんぺい》*4（のちの近衛《この》兵《え》）を創設します。

そして七月には、その強力な政府直属軍を背景として、各藩の殿様から領地を召し上げ、すべての武士を失業させるという離れ業《わざ》、廃藩置県が断行されたのです。

さらに同年の一一月に、岩倉、木戸、大久保、伊藤らが遣欧使節団として日本を離れると、留守を預かった〝西郷政権〟はめざましい勢いで内政改革を始めます。日本に残っていた三条実美はお飾り的存在で、西郷の周りを固めていたのは大隈重信、板垣退助、そして山県有朋といった面々でした。

実は、西郷さんは、岩倉や大久保たちの出発前に一二条の約定を交わしていました。「国内事務は新規の改正をしないこと、内閣の規模を変革しないこと、官員を増員しないこと」など、厳しく縛られていたのです。要するに、現状のまま手をつけず、留守中余計なことをしない、という約束です。

にもかかわらず、西郷さんはそれらをすべて〝ゴミ箱〟に放り込み、独断でどんどん改革を進めていきました。

まず徳川慶喜をはじめ朝敵だった大名を全員大赦《たいしゃ》し、榎本武揚《たけあき》＊5など旧幕臣も釈放して、有能な者を政府役人に登用します。もちろん真っ先に、渋る勝さんを説き伏せて、新政府に引っ張り出しています。

そして徴兵令をはじめ、学制発布、新橋・横浜間鉄道開業、太陽暦の採用、国立銀行条例の制定、地租改正と、一気に近代国家としてのインフラをつくり出していったのです。

もちろん前々から着手されていたのでしょうが、断行されたのは〝西郷政権〟のときでした。

＊1　三条実美　幕末・明治の公家、政治家。尊皇攘夷派の先頭に立ち、維新後は太政大臣、内閣制発足後は内大臣を歴任。（一八三七〜九一）

＊2　板垣退助　明治の政治家。土佐藩出身。倒幕運動に参加し、維新後、参議となるが、征韓論争に敗れて下野。自由民権運動の指導者となり、自由党創設。その後、立憲自由党総理となったのち、大隈重信とともに組閣、内務大臣をつとめた。（一八

三七～一九一九）

＊3　大隈重信　明治の政治家。肥前国佐賀藩出身。維新政府の要職を歴任し、おもに財政を司るが、明治一四年の政変で下野。翌年、立憲改進党を結成し党首となる。また、東京専門学校（現早稲田大学）を創立。その後、外務大臣や内閣総理大臣を歴任する。（一八三八～一九二二）

＊4　御親兵　明治初期の明治政府直属の軍隊。天皇および御所の護衛を目的とする。成立の翌年に、近衛兵と改称。

＊5　榎本武揚　明治の政治家。江戸生まれの幕臣。長崎の海軍伝習所で学び、オランダに留学、帰国後は海軍副総裁。戊辰戦争で、箱館（現函館）の五稜郭《ごりょうかく》に拠って新政府軍に抗したが間もなく降伏。のちに許され、駐露公使として樺太・千島交換条約を締結。その後、海軍卿、文部・外務大臣、枢密《すうみつ》顧問官などを歴任した。（一八三六～一九〇八）

西郷の死で「維新」は完成した

「明治維新は誰がやったのか」という問いに、一人だけ挙げるとしたら、大久保を名指す人が多いでしょうが、私はやはり西郷さん以外にはいないのではないかと思うのです。

その西郷さんがなぜ、断々固たる革命をやって、自分がつくったも同然の明治国家に対して、西南戦争という、近代日本史でも空前絶後の内乱を起こしたのでしょうか。

よく言われるように、理由は征韓論争[*1]に敗れたからということになりましょう。が、これは単に朝鮮問題をめぐる対立ではなかった、と私は考えます。

俗に明治政府の大方針を〝富国強兵〟と言いますが、よく考えると「富国」と「強兵」はなかなか両立しない政策なのです。軍隊を強くしようと思えばお金がかかるし、商売を盛んにしようとすれば簡単に戦争はできない。二律背反ですね。

国家財政が貧弱なのに、そんな余裕はないという現実論を主張した大久保が「富国」を代表し、永久革命の精神に基づく理想論を唱えた西郷が「強兵」を代表していたとすれば、いつかは衝突する宿命にあった、そう考えるほかはありません。

明治六（一八七三）年一〇月、征韓論争で大久保の策謀に敗れた西郷さんが鹿児島に帰ったあと、各地で不平士族の反乱が続きます。

岩倉具視の暗殺未遂、*2 江藤新平*3の佐賀の乱*4（いずれも明治七年）、神風連《じんぷうれん》の乱、*5 秋月《あきづき》の乱、*6 前原一誠《まえばらいっせい》*7の萩の乱*8（いずれも明治九年）と、多くの血が流されました。ある意味では、幕末の権力争奪の乱は続いていたと言えます。彼ら不平士族の人望が西郷さんに集まっていたのは、ごく自然な流れと言うべきでしょう。

そして、明治一〇（一八七七）年二月、陸軍少将だった桐野利秋や篠原国幹《くにもと》らの側近に担がれる形で、ついに西郷さんが「新政府に問いただしたいことがある」と挙兵。幕末争乱の終焉《しゅうえん》と言える西南戦争が勃発します。

意外なことかもしれませんが、挙兵は必ずしも本意ではなかったものの、西郷さんはこの戦には〝勝てる〟と思っていたようなのです。

兵力こそ少ないものの、西郷軍は戊辰戦争で実戦体験を積んだ士族団で、相手は徴兵で集められた農民や町民出身の素人《しろうと》集団。しかも熊本城を守っている政府軍の参謀長は、薩摩出身で西郷に心酔していた樺山資紀《かばやますけのり》。白洲《しらす》正子の祖父です。この人が寝返れば熊本城は落ちる。そのまま下関へ行き、やはり薩摩出身の川村純義《すみよし》の迎えの船に乗って大阪湾まで直行する。そのつもりだったというのです。

開戦直前にちょうど薩摩に滞在していたイギリス公使館の通訳アーネスト・サトウ*9も、その日記に、鹿児島の県令（知事）・大山綱良《つなよし》などが口にしていた、大きな期待がこめられた楽観論を書きとめています。

「海軍は西郷に敵対する行動をとることを拒否するであろう」

「政府軍は西郷の進撃に恐れをなし、なんの抵抗も試みないだろう」

「熊本鎮台《ちんだい》（司令部）の参謀長・樺山資紀が薩摩出身であることが、大いにあてにされている」

そしてサトウも自分の見聞きしたところからの判断を、こう書きつけている。

「鹿児島の全住民は、政府に対して敵意に燃え、薩摩士族が政府打倒のために進軍しているのを喜んでいるように見受けられる」

東京にいて情報を収集していた勝海舟も「西郷が勝つ。新政府はもう一度やり直しだ」と言っていたほどで、西郷さんには十分勝算があった。

そして、若き明治天皇もまた、と思われる節もあります。内乱が始まったあと、京都まで馬を進めてはいますが、政務を見ようとはせず、戦況報告などに耳を貸そうともしなかった。

西郷の反乱は、天皇に対しての反抗ではなく大久保へのそれだと考えておられたとも言われています。

それはともかく、もし西南戦争で西郷さんが勝っていれば、日本は殖産興業路線ではなく、軍事専制国家の道を歩んだのではないか。となれば、日清戦争はもっと早く勃発したかもしれませんね。

ところが兵器が違った。

西郷軍は旧式銃で、時代錯誤の火縄銃を使っていた兵も少なくなかったのに対し、新政府は戦争前から金をありったけ使って元込めの新式銃を購入しており、田原坂《たばるざか》*10の攻防では一日に三二万発も弾丸を消費したと言います。さらに戦争中にも機関銃や風船爆弾といった新兵器をイギリスから購入して、西郷軍を圧倒しました。

さらには諜報《ちようほう》戦でも政府軍の圧勝でした。西郷と桐野の意見の対立まで筒抜けだったほどです。この諜報戦の政府側の元締めは、西郷さんの弟の従道《つぐみち》なのですから、これも驚きです。

西郷さんは明治一〇（一八七七）年九月、鹿児島の城山で自刃します。奇しくもその四カ月前、木戸孝允、すなわちかつての桂小五郎が病死し、翌一一（一八七八）年五月、大久保利通が暗殺されます。

およそ一年ほどの間に、維新三傑が三人ともこの世を去ってしまったのです。三人の死は、ある意味では暴力的な権力奪取でもあった明治維新の〝みそぎ〟の役割を果たしたかのようにも思えます。ペリー来航から明治元（一八六八）年までが一五年、明治政府成立から西南戦争までが一〇年。そしてみんないなくなった。

歴史とは非情なもので、二五年かかったガラガラポン（御一新）はもういっぺんやり直し、となったわけです。

近代国家を目標とした新しい国づくりはそこから始まります。もうサムライの時代ではなくなっていました。四民平等、それを目指して、というわけです。

日本の近代史でグローバリズムによる危機を経験したのは、幕末と昭和一〇年代の二度だった、と最初にふれました。

では、アメリカの金融破綻に端を発するグローバル経済危機の影響を受けている現代、私たちは幕末史から何を学ぶべきなのでしょうか。

それは皆さん一人ひとりの判断におまかせしますが、日本人は奇妙なことに、ガラガラポンの「一からやり直し」に乗りやすいんです。今でも「維新」とか「改革」とかの声がかかると、一億一心になりやすい。「戦後レジームからの脱却」なんてカッコイイ言葉ですね。

しかし、事実はそんな易々《やすやす》とできるものではない。改革とは非情この上ないものなのです。

口当たりのいい、かっこいいスローガンにはよくよく気をつけなくてはいけない。そしてすぐにムクムクと芽を出してくる「攘夷の精神」は早めにつぶしなさい、というのが反薩長の私の感慨なんです。

*1　征韓論争　明治六（一八七三）年に起きた西郷隆盛の朝鮮遣使への賛否をめぐる政変。西郷・板垣退助・江藤新平などは遣使を主張したが、岩倉具視・大久保利通・木戸孝允などは戦争につながるとして内治優先からこれに反対。結局、西郷らは敗れて下野し、政府は分裂した。

*2　岩倉具視の暗殺未遂　明治七（一八七四）年一月一四日夜、公務を終え、自宅へ帰る途中だった岩倉の馬車が、赤坂喰違《くいちがい》坂にさしかかった際、武市熊吉《たけちくまきち》ら高知県士族に襲撃された。赤坂喰違の変。

*3　江藤新平　幕末の志士、明治の政治家。佐賀藩出身。維新政府司法卿（司法省長官、司法大臣）、文部大輔《たいふ》（文部省次官）、左院《さいん》（立法審議機関）副議長を歴任し、司法制度の整備、警察制度の統一を行なう。征韓論争で敗れて下野し、佐賀の乱で敗れて処刑される。（一八三四～七四）

＊4　**佐賀の乱**　明治七（一八七四）年に佐賀県で起きた明治政府に対する最初の士族反乱。征韓論争に敗れて帰郷した江藤新平らを中心に、佐賀の不平士族が挙兵したが政府軍に鎮圧された。

＊5　**神風連の乱**　明治九（一八七六）年、熊本県で起きた不平士族の反乱。敬神党の乱とも言う。神風連（敬神党）に結集していた復古的攘夷主義の旧熊本士族一七〇名余が、太田黒伴雄《おおたぐろともお》らに率いられて政府の開明政策、とくに廃刀令に反対して蜂起。熊本鎮台を襲い、鎮台司令官・県令を殺害したが、間もなく鎮圧された。

＊6　**秋月の乱**　明治九（一八七六）年、福岡県秋月（現朝倉市）で起きた不平士族の反乱。宮崎車之助《しゃのすけ》ら旧秋月藩士二百数十名が、神風連の乱に呼応し、萩の前原一誠の軍と合流しようとしたが、小倉《こくら》鎮台兵に鎮圧された。

＊7　**前原一誠**　幕末の志士、明治初期の政治家。長州藩出身。松下村塾で学び、尊皇攘夷運動に参加。維新後は参議・兵部《ひょうぶ》大輔を歴任したが、新政府と意見が合わず下野。萩の乱を起こしたが、敗れ処刑された。（一八三四〜七六）

＊8　**萩の乱**　明治九（一八七六）年、山口県萩で起きた不平士族の反乱。神風連の乱、秋月の乱に呼応し、政府粛正の奏上を計画、山陰道より上京しようとしたが、数日で政府軍に制圧された。

＊9　**アーネスト・サトウ**　イギリスの外交官。倒幕派を支持し、西郷隆盛、木戸孝允ら

とイギリス公使パークスとの連絡につとめた。(一八四三～一九二九)

＊10　田原坂　熊本県植木町（現熊本市）西部、国見山《くにみやま》南麓の坂。西南戦争に際し、政府軍と西郷隆盛率いる薩摩軍との間で一七日間にわたる死闘が繰り広げられた。

第2章

幕末「心理」戦争

江戸城無血開城までの「西郷×勝」攻防三カ月

（出所：国立国会図書館）

西郷隆盛《さいごうたかもり》　〔文政一〇（一八二七）年～明治一〇（一八七七）年〕

通称吉之助《きちのすけ》。号は南洲《なんしゅう》。

薩摩藩主島津斉彬《なりあきら》に取り立てられ江戸詰となり、将軍継嗣《けいし》問題で一橋慶喜《よしのぶ》擁立運動に東奔西走。しかし、安政の大獄で幕吏の追及を受け、斉彬病没後の藩からも疎まれ、僧月照《げっしょう》とともに入水《じゅすい》自殺をはかる。西郷だけが蘇生し、奄美大島に流された。その後許され、公武合体を目指す島津久光《ひさみつ》のもとで活躍するも、久光と衝突し、再び沖《おきの》永良部《えらぶ》島に流された。召還後、第一次長州征討では幕府側の参謀として活躍。以後、倒幕へと方向転換をはかり、長州の桂小五郎（木戸孝允《たかよし》）と薩長同盟を結ぶ。東征軍の参謀として戊辰《ぼしん》戦争を指揮、勝海舟と会見し江戸城無血開城を実現。

新政府の参与・参議となり、廃藩置県などを遂行したが、明治六（一八七三）年、征韓論に敗れ下野。鹿児島に「私学校」を開設する。明治一〇（一八七七）年、士族に擁立されて西南戦争を起こし、政府軍に敗北し自刃。

「薩長の田舎モンが江戸の文化を壊した」

私は基本的に「維新」という言葉を使いたくない男なんです。
日本の近代史には当たり前のように「明治維新」という言葉が登場しますが、そもそも「維新」という言い方自体、明治一〇年代ぐらいから使われ出した胡散《うさん》臭《くさ》い言葉だと思っています。

西郷隆盛、大久保利通《としみち》亡きあと、権力闘争を勝ち抜いていった伊藤博文や山県《やまがた》有朋《ありとも》らが、新政府を何がなんでも正当性のある立派なものにしたかった。だからこそ「維新」なんていう聞こえのいい、恰好《かっこう》づけの言葉を引っ張り出したのだと思います。

そうして、いまいましいことに、薩長などの倒幕の志士たちは「官軍」とされ、徳川幕府を支えた、先見の明のある開明派は「賊軍」呼ばわりされることになったわけです。これ、ほんとムカつきますね。

というのも、前にもふれたように、私自身は東京生まれの東京育ちなのですが、父親の故郷が新潟長岡の在（田舎のこと）であったせいでしょう。

毎年のように夏休みはその村に行き、昭和二〇（一九四五）年三月一〇日の東京大空襲で焼き出されたあと、一家で疎開していましたから、少なからず長岡藩の影響を受けたのかもしれません。

とりわけ、祖母の存在が大きかったのですね。この祖母が、先にいっぺん語りましたが、ぐちゅぐちゅと明治政府への不満をよく口にしておりました。

「薩長とか新政府とか明治維新とか、エラそうに言っとるが、だいたい、こちらが戦争をしたくないと言ってるのに、無理やり戦争を仕掛けおって、七万四〇〇〇石の長岡藩から五万石かっぱらっていった。ありゃとんでもない悪党で、強盗か山賊みたいなもんだわ」

祖母の話は、これまで学校で習ったのとはずいぶん違う内容でしたが、子供心にこっちが本当なんだろうと感じました。

また、私の父も、何かにつけて「薩長の田舎モンどもが江戸の文化をみな壊しおって」と自分が生粋《きっすい》の江戸っ子みたいなことを口走るものですから。

私は子供の頃からどうも薩長史観いっぺんとうの「明治維新」論になじめないまま大人になり、それが今も染みついているわけです。

しかし、私のようなのは少数派です。だいたい「官軍」派、薩長派の顔とも言うべき西郷さんを例にとればわかるように、「西郷さんを嫌いな人っているんですかね」と聞きたくなるくらい日本人には絶大な人気があります。

一方、幕府側の雄なら勝海舟ですが、こちらは、それほど高く評価されているとは言えません。

私などは西郷さんなんか比べものにならないほど〝勝つぁん〟を評価しますが、福沢諭吉の『瘠我慢《やせがまん》の説』（幕府解体前後の勝の行動を、福沢が同書で辛辣《しんらつ》に批判）などが出てしまったものだから、「勝は腰抜けだ」みたいにとらえられがちです。

作家の司馬遼太郎さんなども、戊辰戦争の時点では、少なくとも薩長は暴力集団であるととらえていたんです。実際「会津藩も長岡藩も立たざるを得なくなったけれど、あれは気の毒だった」なんて言っていたのを、この耳でしかと聞いて

います し。

ところが、いざ小説に描くとなると『竜馬がゆく』にしろなんにしろ、俄然かっこいい薩長史観に立つんですよね。

まあ、歴史観というのは出身地や立場によって違ってくるわけで、これから私の史観に立って、幕末の勝海舟・西郷隆盛の二人について語ってみたいと思います。

まずは両雄相見《あいまみ》えることになった時代背景をおさらいしておきましょう。

「尊皇攘夷」が「尊皇倒幕」へと変化

二人が出会ったのは激動の幕末です。

幕末とは、言うまでもなく、嘉永《かえい》六（一八五三）年六月三日に、アメリカの提督ペリーが四隻《せき》の黒船を率いて浦賀沖にやってきたことに始まります。

ここで押さえておきたいのは、ことの始まりは〝外圧〟だったということ。

　これは今も変わらない日本人の特質だと思うのですが、日本人の多くには、外圧を感じたとき過敏に反応してアレルギー症状みたいなものが出ます。これは、攘夷《じょうい》の精神などを考えるときの重要なポイントになります。

　攘夷とは、簡単に言うと、戦争してもいいから外国なんか追っ払え、という考え方ですね。

　当時の江戸幕府は黒船の出現に、上を下への大騒ぎで、さんざん右往左往した末、アメリカに押し切られる形で黒船来航の翌年、嘉永七（一八五四）年三月三日には日米和親条約を結んでしまうわけです。そこからほかの国とも次々に条約を結ぶ羽目になりました。

　すると、これらの条約を、京都の朝廷の勅許《ちょっきょ》なしで結んでしまったのはけしからんという意見が一斉に噴出します。

　ですが、冷静に考えればこれは目くじらを立てるようなことではないのです。江戸幕府開闢《かいびゃく》以来、幕府はいつだって朝廷など無視。政策を施行する際に、京都の朝廷にお伺いを立てるなんて、いちいちやってこなかったんですから。

　なのに、このときばかりは外圧が引き金になったがゆえに、百家争鳴《ひゃっかそうめい》の大問題に発展したのです。

幕府への反発は、尊皇へ結びつき、攘夷が唱えられ、さらに倒幕へと転じます。「尊皇攘夷」運動が「尊皇倒幕」運動にすり替わっていくのに、たいして時間はかかりませんでした。

そうして、世の大勢は「断固として攘夷あるのみ」に傾きます。そこで、幕府に反抗的な外様《とざま》藩などがさっそく攘夷を実行してみるんです。

文久三（一八六三）年七月に薩摩は薩英戦争をやりました。それから、長州も関門海峡を通るアメリカ商船やフランスの軍艦を砲撃し、一度は追っ払うんですが、翌年には舞い戻ってきた、英仏蘭米の四カ国連合艦隊に襲われてコテンパンにやられてしまうわけです。

こうして薩摩も長州も、列強の近代的な武器には到底太刀打ちできないし、今のままではとてもじゃないが攘夷などできないと、身をもって思い知るわけです。

それで、方針を変更します。いずれは攘夷を実行しなければならないが、そのためには、まずは開国し、国力を蓄えることが先決だと。

すると、それまで攘夷を主張していた朝廷も、国策として開国を認めることになります。

攘夷か開国か、朝廷と幕府で国内を二分していた問題はようやく「開国」で一致したのですから、ここから先はみんなで仲良く尊皇攘夷から尊皇開国へと、新しい国づくりに邁進していけばいいはずでした。

ところが、薩摩と長州は、徳川を討つことへの執念を捨てるどころか、むしろチャンスと見て、その動きを加速させていくのです。

薩長が、何ゆえ、徳川を討つことにあれほどこだわったのか、本当の理由というのは、実はよくわからないんですね。薩摩と長州のほうは認めようとしませんが、関ヶ原以来代々の怨みを晴らしたかったからじゃないか、という説がありま す。

長州毛利の殿様は、毎年、家臣が全部集まって正月のお祝いをする際に、必ず「(関ヶ原の報復は)まだでございますか」と聞かれ、殿様が「(倒幕は)いや、まだじゃ」と答える習わしが三〇〇年間ずっと続いていたと言います。薩摩のほうでも、関ヶ原の戦いがあった旧暦の九月だったでしょうか、明言はしないものの、関ヶ原の仇討ちを祈願し続けてきたというんです。

だとすれば、約三〇〇年ぶりに巡ってきた絶好の機会を、両藩がみすみす見逃すはずはありません。

この頃の幕府は、とくに財政が逼迫《ひっぱく》していたのです。生麦《なまむぎ》事件をはじめ薩英戦争など薩摩と長州が勝手にやった攘夷のおかげで、一〇万ポンドとか三〇〇万ドルとか莫大な賠償金を代わりに各国に支払わねばならなくなり、金庫は空っぽ。幕府の力は本当に弱っていたんですね。

ですから、薩摩や長州にとっては、戦争になれば一気に天下を取れる千載一遇のチャンス。なのに「開国」で意見が一致してしまい、倒幕しようにも、戦争の口実がなくなってしまったわけです。

そこで倒幕で利害の一致した薩摩と長州は、通商条約勅許が下りた翌年の慶応二（一八六六）年一月、手を結びます。土佐の坂本龍馬や中岡慎太郎[*1]らが仲を取り持ち、あれほど仲が悪かった有力な二つの藩が、倒幕の意欲満々同士で同盟を結ぶのです。

そして、その年の七月には将軍徳川家茂《いえもち》＊2が亡くなり、一二月には孝明《こうめい》天皇が突然、崩御《ほうぎょ》してしまいます。

孝明天皇はまだ三六歳の若さでしたから、私はこれは長州が毒殺したのではないか、と見ております。何しろタイミングがよすぎます。

ただし、これは歴史的には一切証明されておりません。歴史学者からは、そんなことを言うのはアホの骨頂だとバカにされますが、丁寧に見ていけば、公武合体論者の孝明天皇は、倒幕勢力にとっては邪魔でしかたがない存在だったのです。

幕府を倒して政権を奪うということは、要するに「革命」です。国家権力を現政権から武力で奪い取る「革命」を誰がもっとも強力に推し進めたかと言えば、文句なしに薩摩の西郷隆盛だったと思います。

幕府に対してさんざん挑発行為を繰り返すなど、決して褒《ほ》められた手法ではなかったんですがね……。この西郷さんという人が、もっとイヤな野郎なら、わかりやすくていいんですが、困ったことに日本人好みの大人物なんです。私も実は好きなんで、やりづらくてしょうがないのですけれど。

しかしながら、西郷さんとはどういう人かあえて言うなら、彼は毛沢東《もうたくとう》*3なんです。こんなことを言うと、当分鹿児島には足を踏み入れられなくなりそうですが。

要するに軍事的天才です。意志は強く、志は貫徹するし、戦略的に見ても、ここでは頑張らないといかんという機微のようなことが本当によくわかっています。と同時に詩人でもある。さらに農本主義者でカリスマ性があって永久革命を唱え続ける人格者なんです。

しかも勉強家でしたから、軍事戦略だけでなく、共和政治に近い合議政治という形をとろうとするなど、政治にも明るかったと思います。

しかし、彼が優先したのは倒幕、つまり革命の実現でした。だからこそ、徳川とは戦争をしなければならないと考えていた。そのためには武力がいちばん有効であることを熟知していた。その強靱《きょうじん》な意志で、物事をぐいぐい推し進めていくわけです。

そんな革命家、西郷と、新しい国家への設計図を描くことができた数少ない政らが、うまく出会い、それぞれの役割を担って時代をつき動かしていったのです。
治家、大久保利通《としみち》（一蔵《いちぞう》）。そして調整役にはもってこいの木戸孝允《たかよし》（桂小五郎）

＊1　中岡慎太郎　幕末の志士。土佐藩出身。土佐勤王党《きんのう》に参加し、のちに脱藩。倒幕運動に奔走し、坂本龍馬とともに薩長同盟の実現に尽力。京都近江屋で坂本龍馬とともに暗殺される。（一八三八〜六七）

＊2　徳川家茂　徳川一四代将軍。初名、慶福《よしとみ》。紀州藩主。のちに将軍を継ぎ、公武合体のために皇女和宮《かずのみや》と結婚。第二次長州征討中、大坂城で病死。（一八四六〜六六）

＊3　毛沢東　中国の政治家・思想家。文化大革命と中華人民共和国建国の最大の指導者。初代中華人民共和国国家主席。死にいたるまで大きな指導権を持っていた。（一八九三〜一九七六）

慶喜が一五代将軍に、そして大政を奉還……

一方、幕府ですが、こちらは慶応二（一八六六）年に家茂が亡くなり、五カ月ほどたってようやく慶喜《よしのぶ》が一五代将軍に就きます。倒幕派からすると、このまま公武合体して共和制になったら、慶喜が共和政治のトップに就くことになる。そうなると、これまでの三〇〇年と同じことが繰り返されるだけになりますからね。

明けて慶応三（一八六七）年一月には、のちの明治天皇睦仁《むつひと》親王が数えで一六歳、満一四歳の若さで皇位につき、佐幕派と倒幕派の対立は日ごとに深まっていきました。

西郷さんは、戦争の端緒《たんしょ》をつかもうと徳川側を挑発する策略を練っています。秋になると、益満休之助《ますみつきゅうのすけ》*1という血気盛んな荒武者を江戸へ送り込んで、浪士団を組ませ御用盗《ごようとう》騒ぎを起こして、江戸中を攪乱《かくらん》します。

慶喜側は、これで丸くおさまるならばと、同年一〇月一四日には、大政奉還の建白書を朝廷に奏上し、政権を返上してしまいます。これで、多くの人が戦争は回避できたと胸をなでおろしたことでしょう。慶喜もひとまず安心したのか、事態をしばらく静観することにします。

当時の京都では、刺客剣客が跋扈《ばっこ》し暗殺惨殺の嵐が吹き荒れていました。長州や薩摩が大軍を率いて上洛し、それを快く思わない幕府側と一触即発のにらみ合いが続きました。

そうして慶応三年一二月九日には岩倉具視《ともみ》がかねて準備していた通りに、天皇が王政復古の大号令を発します。

その日の夜、京都御所で新政府にとって最初の首脳会議である小御所《こごしょ》会議が開かれ、政権を奉還した徳川家の扱いについて大激論が交わされました。すなわち、土佐藩一五代藩主の山内容堂《やまうちようどう》＊2、越前国福井藩一六代藩主松平春嶽《しゅんがく》などが「今後は慶喜を中心に各雄藩のお歴々が集まる会議を開いて、国家を運営していこう」という幕府寄りの持論を展開します。

一方の岩倉具視や大久保利通ら武力倒幕派は「慶喜にすべての職を辞してもら

い、領地は朝廷に返上すべき」として、真っ向からぶつかり合うのです。

立場上はこの会議に列席してもおかしくない西郷さんは、表へ出て御所の門をがっちりと押さえておりました。

「議論なんかではらちがあき申さん。短刀一本でけりがつくことでごわす」と。つまり、容堂だろうが、春嶽だろうが、ぐだぐだ言うならみんな、斬ってしまうつもりだったようなのです。

山内容堂などは最後までずいぶん粘ったようですが、〝鯨海酔侯《げいかいすいこう》〟と呼ばれるほど大酒飲みで、夕方五時から始まった会議は延々夜中まで続き、酒を飲み続けるうちにしまいにはベロベロになっちゃった。今も昔も、飲んべえはダメですね。

こうして武力倒幕派勝利のうちに会議はお開きになってしまいました。

＊1　益満休之助　幕末の薩摩藩士。西郷隆盛の命で江戸市中を混乱させたが、幕府軍に捕らえられて勝海舟に預けられた。翌年新政府軍の江戸城総攻撃を目前にして、幕府の使者山岡鉄舟《てつしゅう》を西郷に会わせるために、道案内をした。その後、上野彰義《しょうぎ》隊と

の戦に加わり、流れ弾が当たって死亡。（一八四一〜六八）

＊2　山内容堂　幕末の土佐藩主。名は豊信《とよしげ》。藩政を改革。公武合体に尽力し、後藤象二《しょうじ》郎《ろう》の建策を採用して徳川慶喜に大政奉還を建白。明治政府では内国事務局総督をつとめた。（一八二七〜七二）

〝いかさま〟の御旗が鳥羽・伏見に翻る

あのときに徳川慶喜という人に、多少でも負けん気とか根性があれば……。いくら薩摩や長州の兵が大勢京都にいるといっても、軍勢の数なら会津兵三〇〇〇、桑名兵一五〇〇で旧幕府側が断然有利なんです。てめえたち田舎侍ごときに、勝手なことをさせるか――その気になれば会議だってひっくり返せたんです。

ところが、この人、よりによって、光圀《みつくに》公以来、尊皇の気風が強い水戸の出身なんです。小御所会議の翌日に、自分のために頑張ってくれた春嶽さんを二条城に呼んで、こう言い放つんです。

「何があっても朝廷に対しては余計な抵抗はしない。祖先の名を汚し、歴史に朝敵の汚名を残すことはしたくない」と。

春嶽は唖然《あぜん》とします。あなたのためにみんなで必死に頑張っているのに……。普通の部下ならやってられない話ですよ。

とはいえ、このままではいつまでたっても戦にならない。早く一戦を交えて徳川を叩きつぶしたい西郷さんは江戸での挑発行為をエスカレートさせていきます。

なんと、一二月二三日には、江戸城の二の丸で放火まで起きています。二の丸には薩摩から嫁いだ篤姫《あつひめ》*1がいたので、篤姫の手引きじゃないかとか、篤姫奪還の作戦だったのではとか、さまざまな憶測や噂が飛び交いますが、いずれにしろ、これは幕府としては看過できない事態でした。主《あるじ》の留守中、わが家に火をつけられたも同然の、由々《ゆゆ》しき事態です。

これには、さすがに幕府側もぶちっと堪忍袋の緒《お》が切れてしまいまして。我慢ならずと、庄内藩が中心となり、江戸薩摩藩屋敷焼き討ちという挙に出るわけですね。その報告が入った瞬間に、西郷さん、してやったりと、思わずガッツポーズとったんじゃないかと思います。

そして薩摩藩士らによる江戸攪乱の様子が慶喜のいる大坂城に届きますと、案の定、そこにいた老中以下家臣はカンカンに怒って、〝ようし薩摩は討つべし〟という命令書、「討薩の表《ひょう》」と言うのですが、これを慶喜に無理やり出させます。あれほど朝敵になりたくないと言い張っていた慶喜さんなのだから、断固として拒む姿勢を見せてもよかったんです。なぜなら、その時点で天皇をお守りしていたのは薩摩と長州ですから、薩摩を討つことが朝廷に弓を引くことになるかもしれない。

でも……おそらく思わなかったんでしょうね、この坊ちゃんは。楽観していた。薩摩を打ち負かせるつもりだったのでしょう。

こうして討薩の表を掲げた一万五〇〇〇の幕府軍勢が、薩摩討伐のために、大坂から京都に向かって進軍を始めます。

そして慶応四（一八六八）年一月三日、大砲が轟き、両軍が衝突。ついに鳥《と》羽《ば》・伏見の戦いの火蓋が切られました。

挑発にまんまと乗せられた幕府側がようやくやる気になり、倒幕派が待ちに待った戦争がやっと始まったわけです。西郷も大久保も、食わせ者の岩倉具視もチャンス、チャンスと欣喜雀躍《きんきじゃくやく》だったと思いますね。岩倉は錦《にしき》の御旗《みはた》が間に合ってほくそえんでいたことでしょう。

軍勢は数の上では薩長側の五〇〇〇人に対し、幕府側が一万五〇〇〇人と圧倒的に優位でした。しかも一応西軍にカウントされている土佐や芸州（広島）は、当初は日和見《ひよりみ》的でどっちにつくのか、旗幟鮮明《きしせんめい》ではありません。

けれども、薩摩、長州は、やる気満々。密貿易でたんまり儲けた資金で、近代兵器を買い込んでいたので、鉄砲などの兵器の質なら西軍が有利です。薩摩には大砲も二〇門あったりした。とはいえ、当時の戦いは、武器だけで勝敗が決まるものでもなかったのですが。

ところで当の慶喜公は討薩の表を出したっきり、大坂城から一歩も出てきません。そのまま、戦況も一進一退を繰り返していたわけです。

そうして開戦三日目の一月五日。ついに決定的瞬間が訪れます。西軍側に「錦

も の御旗」が翻《ひるがえ》るのです。

そうです。鳥羽・伏見の戦いの勝敗を分けたこの御旗は、朝廷からもらったものでもなんでもなくて、岩倉具視が勝手につくった代物《しろもの》でした。

薩摩藩士が江戸で御用盗騒ぎをやらかしている頃に、公家出身の岩倉具視は、秘書官の玉松操《たままつみさお》に調べさせた資料を参考に、大久保利通や長州の品川弥二郎《やじろう》あたりと相談しながらこっそりつくらせておいたんですね。

実物は誰も見たことがないから、それらしければいいだろうと、大久保利通の愛妾のおゆうさんが祇園で買ってきた錦紗銀紗《きんしゃぎんしゃ》の布を長州に運んで、二カ月がかりで完成させたもので、言ってしまえば捏造品《ねつぞう》。〝いかさま御旗〟なんです。

しかしながら、南北朝時代でも足利尊氏《たかうじ》が戦局を有利にするために御旗を利用したように、有ると無しでは、大違いなんですね。旗印が必要だと思いついたのは西郷さんら、軍事学の天才たち――戦争のなんたるかをよ～く知っている人の発想だと思います。

こうして日と月――お天道様とお月様をあしらったキンキラキンの旗をつく

り、それを天子から授かった御旗であるぞよと言い張って、おっ立てたんです。

錦の御旗と聞くや、慶喜は案の定、すぐに「江戸へ帰る」と言い出した。これで、のるかそるかわからなかった勝敗が一気に決することになりました。

西軍の戦死者は六〇人。東軍は二七九人。いいですか。普通なら一万五〇〇〇も軍勢がいて、二七九人の戦死者が出ても負けが決まるわけないのです。大坂城は不落ですし、すぐに江戸から軍艦を呼べばいい。勝海舟、榎本武揚《たけあき》らの海軍は断然強いんですから、大坂湾に軍艦を集めてドカン、ドカンと大砲を撃っていけば、戦いようなんかいくらでもある。

なのに当の慶喜が、「御旗が立った以上われわれは賊軍だ。朝敵だ」では始末に負えません。

そばについていた会津の殿様の松平容保《かたもり》や、桑名の松平定敬《さだあき》*2が「まだ負けてはおりません。戦はこれからでござる」と血相を変えて説得するんですが、慶喜さんは一月七日には開陽丸《かいようまる》に乗船してさっさと江戸に逃げ帰ってしまったのです。

そして慶喜は船上で、会津と桑名の殿様に「もはや戦う意志はない」と本音を告げるんですね。江戸で再起するつもりだった若き殿様たちは「ええっ！」とわが耳を疑ったことでしょう。

＊1　篤姫　徳川一三代将軍家定《いえさだ》の夫人。薩摩藩島津家の一門に生まれ、島津斉彬の養女となり、さらに近衛《このえ》家の娘として徳川家に嫁いだ。二年足らずで病弱な家定が没したため、落飾《らくしょく》して天璋院《てんしょういん》と称した。戊辰戦争では徳川家存続に尽力。江戸城開城後は徳川一六代当主家達《いえさと》の養育に専念し、徳川夫人としての人生を全うした。（一八三六～八三）

＊2　松平定敬　幕末の伊勢桑名藩の藩主。高須《たかす》藩主松平義建《よしたつ》の七男。兄に尾張藩主徳川慶勝《よしかつ》、一橋家当主徳川茂栄《もちはる》（茂徳《もちなが》）、会津藩主松平容保などがいる。京都所司代《しょしだい》に任ぜられ、会津藩とともに京都の警衛にあたった。戊辰戦争においても、兄の容保とともに会津で戦い、最後に箱館（現函館）で降伏した。（一八四六～一九〇八）

昼寝の勝に、将軍より呼び出しアリ

さて、その頃の勝海舟ですが――いったい何をしていたかと言いますと、今の赤坂の氷川《ひかわ》小学校跡にあった自宅で、江戸城に出仕もせずぶらぶらしていました。

というのも慶応二（一八六六）年に第二次長州征伐に失敗した慶喜は、勝に長州との和解交渉を命じるのですが、その結果が不満で「え？ そんな条件で和解してきたなんてバカじゃないの」とばかりに勝をクビにしてしまいます。昔から、慶喜は勝のことが嫌いで、性格的に合わないのです。

こんなふうに、勝は、重用されたり罷免されたりを何度も繰り返し、毎度「今度こそ切腹か」と覚悟しますが、しばらくすると、突如呼び出されて重大任務を与えられる。どうも慶喜公は、にっちもさっちもいかなくなると、善処を命じるために「勝を呼べ」ということになるのですね。

戦意喪失の慶喜さんを乗せた開陽丸が、今の品川に到着したのが一月一一日。慶喜はクビにした勝をさっそく呼び出します。氷川の自宅でひっくり返って寝ていた勝のところに、直ちにお浜御殿《はまごてん》（浜離宮）へ来いとのお召しがあり、貧乏して売り飛ばそうかと思っていた馬へ乗っかって、ぱかぱかと駆けつけます。

すると勝さんの日記にもあるように、「諸官ただ青色、互いに目を以《もっ》てし、敢《あ》えて口を開くものなし」。つまり、みんな真っ青な顔で船から下りてきて、誰も何もしゃべろうとしないという塩梅《あんばい》なんですね。

ここで老中からはじめて伏見の顚末《てんまつ》を聞き、勝もさぞ呆れ果てたことでしょう。

「なぜ大坂城に籠《こ》もって戦いを続けなかったのか。そうすれば、こっちから海軍が駆けつけて、たちまち形勢逆転できたはずじゃないですか」と語気強くガンガン詰め寄るんです。

しかしもう慶喜はそれに答えず、「勝、もうお前ただ一人しか頼る者がいない」と言うんですね。主君にそう言われては、勝さんも腹をくるしかなかったでしょう。

これ、終戦時の大日本帝国と同じですね。昭和二〇（一九四五）年四月、沖縄に米軍が上陸して、もはや本土決戦以外に道はないというとき、当時七七歳の鈴木貫太郎《かんたろう》という老将が引っ張り出されて、昭和天皇からやっぱり「もうほかに人はいないから、鈴木、頼む」と言われるんです。それで鈴木はやむを得ず、日本を終戦に導く重大任務を任されるわけです。

およそ国家や組織が崩壊していくときの過程は、どれも似たりよったりなんでしょうね。

このときの慶喜の意志は明確で、ただただ「朝敵という汚名だけは歴史に残したくない」という一点あるのみ。

そこで、勝は、この主君の気持ちを尊重しつつ、動乱をおさめるために、「無用な戦争はしない」と「慶喜公の身柄を守る」の二点を軸に、敵味方に分かれた西郷と丁々発止《ちょうちょうはっし》の心理戦争に入るのです。

五万の大軍勢が江戸へ進撃開始

さて、片や鳥羽・伏見の戦いで勝利した薩長側ですが、これからどうするかというところで、西郷さんは「ただちに追討すべき」と主張します。

この時点では長州の戦略家・大村益次郎《ますじろう》*1ら大方の見方は「追討は時期尚早」でしたが、西郷隆盛だけが、時期は今、時流をとらえずに見逃すのはよろしくないと主張した。

このへんが西郷という人の端倪《たんげい》すべからざる戦略なんですが、西郷さんの気迫に押し切られる形で、その日のうちに新政府は慶喜追討令を発しました。

こうして二月一五日には西郷がまとめた東征三軍が編成されて、京都を発《た》ちます。大総督は有栖川宮熾仁親王《ありすがわのみやたるひと》*2。西郷隆盛らが参謀となり、東海道と東山道《とうさんどう》（中山道《なかせんどう》）、北陸道の三ルートに分かれて、総勢五万人という大軍勢が江戸へ進撃を開始したわけです。

私が腹立たしいと思うのは、慶喜は戦う意志がないし、国策は開国に決まっている。だから終わりにしようとさえすれば、ここで戦いはしまいでもよかったんです。

ところが、西郷さんたち革命家の人々は、旧権力を倒さなきゃ、新しい権力というのはこっちへ来ないんだということを見抜いていたのでしょう。

西軍は「われわれは官軍だ」と胸を張りますが、私は「官軍」などと言いませんし、認めません。自作自演の御旗を掲げて、何が官軍か、と言いたいですね。私に言わせれば、ただの「西軍」。これは会津の人たちも同じ気持ちだと思います。

「宮さん宮さん、お馬の前にひらひらするのは何じゃいな。あれは朝敵征伐せよとの錦の御旗じゃ知らないか。トコトンヤレ、トンヤレナ」と品川弥二郎――長州藩の足軽の息子で、明治に出世した人ですが――が祇園の芸者とつくった歌を歌いながら、西軍は怒濤《どとう》の進軍を開始します。

それにしても、子供のときに覚えさせられたこの歌詞、思い出すたびに、ムカつきますね。

さて、迎え撃つ幕府側です。

総大将の慶喜は戦意など毛頭ありませんから、二月一二日には、おとなしく恭順する意志をあらわそうと、すでに江戸城を出て自ら蟄居《ちっきょ》を始めております。上野寛永寺の大慈院に移り、天皇家に逆らって朝敵になるつもりなどまったくないと、さまざまな方法論で助命を含む嘆願を試みます。

夫だった一四代将軍家茂の死後、落飾して静寛院宮《せいかんいんのみや》を名乗っていた和宮《かずのみや》*3や、蟄居先の上野寛永寺の貫主も公家の出の輪王寺宮《りんのうじのみや》ですから、おもにその二人が、京都の公家などに手紙を出して、徳川家の存続の働きかけを行なっています。

しかし、いずれも事実上の成果があがりません。そうこうするうちに三月五日にはトコトンヤレの西軍の東征大総督が駿府《すんぷ》に到着するという情報がもたらされます。

そこには有栖川宮熾仁親王以下、西郷さんも勢ぞろいしているわけで、だったら、直接交渉したほうがてっとり早い。

そう考えた慶喜さんはさっそく、〝勝つぁん〟に、「お前が行って、じかに交渉してくれないか」と頼みます。

自宅で勝が駿府行きの仕度にとりかかっていると、すぐに、慶喜の使いが来て、「やっぱりお前は行く必要がない」と止められます。慶喜は勝が行くと、西軍に取り込まれて寝返ってしまうんじゃないかと不安でしかたなかったのでしょう。この期《ご》に及んでもなお慶喜は勝に全幅の信頼を寄せておりません。

そして、近くにいた高橋伊勢守《たかはしいせのかみ》（泥舟《でいしゅう》＊4）に「伊勢守、お前が行ってくれるか」と頼むのですが、やっぱり「お前がいなくなったら誰が私を守るんだ」と半日もたたないうちに前言撤回。

結局、泥舟が、「私の義弟に山岡鉄太郎（鉄舟《てっしゅう》）＊5という無鉄砲野郎がおりますから、これをお使いになったらどうですか」と提案し、「見込みあるやつか」「その辺は度胸があるやつだからうってつけです」というやりとりを経て、山岡に白羽の矢が立つことになるのです。

海舟、泥舟、鉄舟。これがいわゆる〝幕末の三舟《さんしゅう》〟ってやつですね。

ついては、勝にその旨を報告してから行ってくれと言うので、山岡はこのときまで一面識もなかった勝の自宅へ出かけていくんです。ただし、山岡という乱暴者がいるということだけは、勝も以前から知っていたようです。

氷川の勝の自宅には母親や奥さん、お順という妹、お久さんという長崎の妾と、女ばかりが同居しています。つねに勝が命を狙われていたため、突然やってきた強面《こわもて》の男を刺客と怪しんで、一度は居留守を使ったほどだといいます。山岡も相当怖い面構えだったのでしょう。

ところが、勝は会ってみたら、「こいつは大役をまかせるのにもってこいの男かもしれん」と一目見て気に入ったようです。「駿府まで行くのに、お前一人では大変だろうから」と、なんと益満休之助をつけてやるのです。

益満というのは、薩摩が仕組んだ例の御用盗のリーダー格で、その後の薩摩藩屋敷焼き討ちの際に捕虜となり、牢獄へぶち込まれていた男です。それを勝が自宅へ引き取って「なんかの役に立つだろう」と飯を食わせていたんですね。自分を斬るかもしれないやつを自宅に置いておくなんて。えらい度胸です。

いずれにしましても山岡は勝から西郷にあてた手紙を携え、益満を同伴してその日の晩に江戸を発ちました。

駿府まで行くといっても、そう簡単な話ではないんです。敵対する西軍がそこらじゅうにいるわけで、薩摩出身の益満がいなければ無事にたどり着けなかったかもしれません。

＊1　大村益次郎　幕末・維新期の蘭医、軍政家。長州藩出身。緒方洪庵《おがたこうあん》に蘭学を学び、医学・兵学を修める。長州藩の軍事指導者として第二次長州征討・戊辰戦争に活躍。明治政府の兵部大輔《ひょうぶたいふ》。フランス式軍制を採用し、近代軍隊の創出を進めたが、

守旧派により襲撃され、死亡。（一八二四～六九）

＊2　有栖川宮熾仁親王　幕末・明治の皇族。皇女和宮と婚約したが、和宮は徳川家茂に降嫁《こうか》した。戊辰戦争では東征大総督として江戸に入る。維新後は、兵部卿、福岡県知事、元老院議長を歴任。西南戦争では征討総督、陸軍大将となり、のちに参謀本部長、参謀総長に進み、日清戦争では広島大本営で軍務をとったが、病死した。（一八三五～九五）

＊3　和宮　徳川第一四代将軍家茂の夫人。仁孝《にんこう》天皇の第八皇女。孝明天皇の異母妹。天皇家との融和を求める幕府の強い要請により、家茂に降嫁。家茂死去後は剃髪《ていはつ》して静寛院宮と称す。戊辰戦争では徳川家存続や征東軍の進撃猶予を嘆願した。（一八四六～七七）

＊4　高橋伊勢守（泥舟）　幕末の幕臣で槍術《そうじゅつ》家。講武所《こうぶしょ》師範役・浪士（新徴組《しんちょうぐみ》）取扱をつとめ、大政奉還後は徳川慶喜の身辺護衛をつとめた。（一八三五～一九〇三）

＊5　山岡鉄太郎（鉄舟）　幕末・明治の政治家。鉄太郎は通称。江戸生まれの幕臣。千葉周作《しゅうさく》門下の剣術の達人で無刀流《むとうりゅう》を創始。戊辰戦争の際、西郷隆盛を説き、勝海舟との会談を成立させた。明治新政府では県知事などを歴任し、のち明治天皇に侍従《じじゅう》として仕え信任が厚かった。（一八三六～八八）

勝vs.西郷――歴史を分ける〝心理戦〟スタート

こうして、「戦争をやめて、慶喜の身を守りたい」勝と、「戦争をやって、慶喜を亡きものにしたい」西郷の対決がいよいよ始まります。

二人の戦いは、互いに一目置きながらも、相手の出方をうかがい、手の内を探りながら対峙《たいじ》する。勝の苦心と、西郷さんの強烈なる意志がぶつかり合う戦いだったのです。

三月九日に山岡は、まさに敵中を無事に突破して駿府に到着。今の静岡駅前あたりの料亭で西郷さんに直接会い、「慶喜公は戦う意志はない。恭順の意を示しているのだから戦争はなんとか避けたい。ついてはそちらが何を要求するのか、その条件を提示してくれ」と尋ねるんです。するといくつかの条件を明示されたので、それを持って山岡は勝のもとへ舞い戻ります。それが勝の日記にも出てきます。

「慶喜儀、謹慎恭順の廉《かど》を以て、備前《びぜん》藩へ御預け仰《おお》せつけらるべき事」

これが第一に挙げられた条件でした。しかし、これだけは、どうしても呑めません。備前藩は西軍ですから、そんな敵地に預けられて切腹でも仰せつけられたら、それまでなんです。

それから、鳥羽・伏見を戦った会津藩などに厳罰を科すことなど、若干の懸念材料はあるものの、あとは江戸城は明け渡せとか、軍艦は残らず寄こせとか、家臣はみんな向島《むこうじま》へ移って謹慎してろとか。当時の向島は田んぼと畑ばかりで人の住むところではないのですが、あとはまあごく妥当な線の条件が並べられておりました。

三月一二日には西軍が江戸の池上本門寺《いけがみほんもんじ》に入ったというので、勝はすぐに使いを出して西郷に面会を求めます。とはいえ、その裏では、勝は勝なりの、かなり大胆不敵な布石を前もって打ってから、交渉に赴いています。

まず、勝は、とりあえず江戸に残って徹底抗戦を唱えるような強硬派を、全部江戸から追い出しています。

そして、いざというときは江戸中を焼き払う〝江戸焦土戦術〟を周到に準備していたのです。

西軍が慶喜の命を狙い江戸に攻め込んできたときは、西軍を江戸の真ん中まで引き入れて、入った瞬間にまわりに火をつける。そうして、江戸の市中ごと火攻めにして西軍を皆殺しにする。そんな驚天動地の作戦を具体的に練りあげていたのです。

江戸を火の海にする役目は侍ではなく、やくざやテキ屋、魚河岸《うおがし》や火消しといった威勢のいい連中です。新門辰五郎《しんもんたつごろう》*1という火消しの頭《かしら》でテキ屋の親分に、いざとなったら合図を送るので、そのときは子分たちに大号令をかけ火攻めにしてほしいと。

もちろん町民は助けなくてはまずいというので、房総など江戸湾中の船頭さんに話をつけ、ありったけの船を出してもらって町民を避難させる手筈《てはず》も整えました。このくらい奇抜な策でなければ、近代兵器で武装した西軍には太刀打ちできないと考えたんでしょう。

とはいえ、それが最悪の作戦だということは、勝自身十分すぎるほどわかって

いました。ナポレオンに攻め込まれたモスクワ焦土戦術と同じですが、

「あのときはモスクワを守っていた総指揮官が外国人だから、町に火をかけるなんて平気でやれたけど、自分が生まれ育った町を焼き払うなんて、町を愛する人間がやることじゃない」

と勝も考えていますからね。

まあ、そんなふうに、戦争になった際の最悪のシナリオも準備しながら、勝は西郷との談判に望みをかけます。

ちなみに勝と西郷さんはまったく知らない仲ではありません。かつて勝が神戸の海軍操練所にいた頃の元治《げんじ》元（一八六四）年に、西郷さんのほうから面会を申し込んできて、一度会っているのです。

当時、西郷さんは勝をやりこめるくらいの気持ちで会いに出かけるのですが、たちまち勝つぁんの人間的な魅力に参ってしまいます。

英雄肌で豪傑。

これまで会った幕府の役人と違い「もう幕府はダメだからあてになどしないほうがいいよ」などとハキハキものを言うし、見識もある。

これは佐久間象山《しようざん》＊2などよりはるかにみどころがあると、「ひどく惚れ申し候」と大久保利通への手紙などにも記すほど、手放しで絶賛しています。

それ以来、このときが二度目で四年ぶりの再会になるんですね。

＊1　新門辰五郎　幕末の江戸町火消《まちびけし》の頭。大名火消との喧嘩で一時追放されたが、のちに幕府に出入りし徳川慶喜の身辺警護をつとめた。(一八〇〇～七五)

＊2　佐久間象山　幕末の思想家・兵学者。信州松代《まつしろ》藩士。通称、修理《しゆり》。象山は号。儒学を佐藤一斎《いつさい》に学び、また、蘭学・砲術に精通し、海防の急務を主張。吉田松陰の密航計画に連座し、幽閉されるが、のち許される。開国論を主張し、攘夷論者に京都で刺殺された。(一八一一～六四)

江戸総攻撃二日前、ギリギリの会談

三月一三日に高輪《たかなわ》の薩摩藩下屋敷《しもやしき》で、一四日には芝田町の薩摩藩蔵屋敷《くらやしき》で勝と西郷の歴史的な会談がなされます。

江戸の総攻撃は翌一五日に決まっておりましたから、時間的にもギリギリのタイミングですね。一日目は顔合わせ程度で、二日目に入り、ようやく核心部分が話し合われたわけです。

勝さんは一人従者を連れただけで、羽織袴《はおりはかま》で馬に乗って薩摩藩屋敷へ出かけていきました。そこに古洋服姿の西郷さんが「遅刻して失礼」と挨拶して入ってきます。

隣の部屋には、人斬り半次郎の異名で知られる桐野利秋《きりのとしあき》以下おっかない連中が控えている。のちに勝が「おれのほうの気迫勝ちよ」と語っていたようですが、鳥羽・伏見で完敗しているくせに、勝のほうが堂々として、どちらが勝者かわからないような態度で会談に臨んだのではないかと思います。

大男の西郷さんに比べ、勝のほうは背丈がなくちんちくりんで、やせっぽっち。けれども、勝さんには揺るぎない信念があり、気迫をみなぎらせて対峙したのでしょう。

すでに西郷さんは山岡から届けられた勝からの手紙を読んでいます。「無偏無党、王道堂々たり」で始まる有名な手紙ですが、そのなかで、「正義に背いてまで戦争をして、本当にご自分たちが正しいと思っているんですか。西洋が虎視眈々《こしたんたん》とわが国を狙ってるようなときに、互いに国内戦争なんてバカなことをしていたら、外国から侮《あなど》りを受けますよ。どうしても戦争をやるって言うんなら、こっちにも覚悟はありますけど」

というようなことが率直に書かれていました。だから西郷はすでに勝が何を言いに来たか知っているはずなんです。

当時の侍にとって、いちばん大事なのはわが主君ですから、徳川慶喜公が罪人として首を討たれるなどということになれば、武士の誇りと命をかけてわれわれは断固として戦うしかない。それだけは明言したと思います。

その上で、西軍側から出された降伏の条件のうち、慶喜公の謹慎は水戸表でさせてもらいたい。それから、徳川の家臣共は向島なんて言わずにもう少しましなところに、要するに飯の食えるところに、置いてほしいなどということも要求したでしょう。

とはいえ参謀でしかない西郷さんには、わかったと言って降伏条件を決める決定権がありません。一応、全部話を聞いた上で、一度、駿府にいる東征大総督府の有栖川宮熾仁親王に報告し、実質上は、京都まで行って、新政府の準備をしている最高幹部たち、三条実美《さねとみ》、大久保利通、岩倉具視、木戸孝允（桂小五郎）らお歴々と、相談をして決めるほかはないわけです。

つまり、駿府、京都で相談する間、ちょっと待ってほしいということになるんですね。

勝もそれは了解するわけですが、少なくともこの場で、明日、一五日の江戸総攻撃はしない。それだけは確約せよと。もうひと押しと言わんばかりに、西郷さんに迫るわけです。

そこで、西郷さんは、隣の間に控えていた人斬り半次郎たちを呼び、「総攻めは中止する」と命じました。これで差し迫っていた江戸城総攻撃はなくなり、あとは西郷さんの返事を静かにお待ちしておりましょうと、無事会談は終了します。

江戸城総攻撃中止にあたっては、勝も苦労したでしょうが、西郷さん側にも心の葛藤は相当あったと思いますね。

西郷さんにすれば、やはり戦で慶喜を斬りたい。でも勝の気迫から、幕府側もやるとなったら本気でやるつもりだろうから、そうなると、大戦争は避けられない。慶喜を助けなければいけないとまでは思わないにしても、少なくとも処罰したり、まして死罪などにするのは、相当まずいことになる、と。

その辺は西郷さんもピーンと来たと思います。

そして会談初日の一三日に、イギリス側から戦争を反対されたことも西郷さんに江戸攻めをためらわせたきっかけになったのでしょう。

というのも西郷・勝会談の直前ですが、横浜にいたイギリスのハリー・パークス公使[*1]のところに、西郷さんの使いで先鋒総督府参謀の木梨精一郎《きなしせいいちろう》という男が立ち寄っているのです。

薩摩とイギリスは薩英戦争以降、幕府に取り入ったフランスに対抗するかのように接近し、良好な関係を築いていましたから、味方になってもらえると目論《もくろ》んでいたのでしょう。それでいろいろな助力を願い出るわけですが、パークスさんからは想像もしなかった厳しい答えが返ってきました。

「いったいこの国に政府はあるのかね。ここは居留地なんですよ。居留地を統括している私になんの通知もなく、勝手に戦争を始めるとは何事ですか。居留地の安全は誰が保証するのか。国際社会のなかには万国公法というものがあり、手続きを無視して勝手に戦争をやりたいなんて、無政府の国としか言いようがないんですよ」

とばっさり。

当時は万国公法なんていうものに通暁《つうぎょう》する人間はほとんどいません。西郷さんにとっても、そういう指摘は青天の霹靂《へきれき》だったと思います。自分たちのやろうとしていることが万国公法に違反した戦争というだけで、強い衝撃を受けたろうと思いますね。

それが、揺るぎなく戦に向かって進んでいた西郷さんのブレーキとなった可能性もあります。

＊1　ハリー・パークス　イギリスの外交官。慶応元（一八六五）年から駐日イギリス全権

公使。フランス公使レオン・ロッシュと対立して薩長を支援。（一八二八〜八五）

勝が放つ「最後の策」はパークス公使との直談判！

さて、西郷さんから会談内容を伝えられた京都では三月二〇日、最高幹部が二条城に集結して幕府側からの嘆願の内容をどう扱うべきか緊急会議がひらかれます。

三条実美、岩倉具視、大久保利通、木戸孝允、広沢真臣《さねおみ》*1、後藤象二郎《しょうじろう》*2、西郷隆盛の七人が集まりまして、降伏の条件の調整ですね。とりわけ慶喜の処分について大激論が交わされます。

そんななかでこれまで、もっとも死罪を望んでいたはずの西郷さんが、「徳川慶喜の死一等を免ずるべきである」と言い出しました。

これには、さぞ、みんな「えっ⁉」と驚いたことでしょう。

西郷さんが慶喜を赦《ゆる》すと言うと、木戸さんもこれからのことを考えたら、そのほうがいいと力説して、とりあえず、慶喜公の命は助かり、幕府側の願い通り水戸表での謹慎が許されることになったのです。

その結論を受けて二二日に京都を出発した西郷さんは二五日、夜も寝ないで走ったんじゃないかと思うぐらいの猛スピードで駿府に舞い戻ります。そして今度は大総督府で会議をします。

京都で決まった条件のなかで「城明け渡しののちには田安家《たやす》に預ける」とあるのを、「田安家」を「尾張家」に直し――そんなの田安家だろうが尾張家だろうが大差はないんですが――まあ、とにかくそこは微調整して、あとは「会津と桑名には問責の兵を差し向ける。降伏すれば相当の処置ですむが、抵抗すれば屠滅《とめっ》されると心得よ」という、項目を削ることにしました。

会津は強いから、あえて喧嘩を売るような項目は外しておいたほうが安全だろうという判断によるものと思います。

結局、のちに会津とは激しい戦争になるんですが。

こうして最終案が決まり、決定した条件を携えた西郷さんが、池上の本門寺の本営に着いたのは三月二八日のことでした。

西郷さんが江戸と京都を往復する間、一方の勝海舟も、当面の江戸城総攻めは中止されたけれど、慶喜さんの命をより確実に救うために、打てる手は打っておこうとあれこれ動き回っておりました。

そんななかで、勝さんの真価が発揮されたのが、イギリス公使パークスとの直談判だと思います。薩摩の後ろ盾であるイギリスを相手に横浜に自ら乗り込んで、まさかの工作をやり遂げたのです。

西郷さんはもちろん、ほかの誰にも思いつかない、それくらい奇抜なアイデアでした。

「いずれは新政府が引き継ぐことになるけれど、これまで幕府がやってきた外交交渉のなかで当面解決すべき問題がいくつかあり、それを片づけるためには公使に直接会って話をしなければならない」

という建前で三月二七日に、横浜のイギリスの領事館に直接出かけていくんです。

とはいえ約束なしで押し掛けているので、パークスは会おうとしません。会ってもらえるまでお待ちしたいと言うと、どうぞご勝手に、と屋敷のなかには通されたものの、一日中ほったらかされたと思います。たぶん水筒と弁当も用意して、朝から晩まで待つことぐらいは覚悟して、待っていたんでしょう。いつもなら何事もパパパッと動く人が、誰も来ない領事館の一室でじ～っと待っていた。

あの短気な江戸っ子が、よくぞ辛抱したと思いますが、このままでは、本気で帰らないつもりのようだ、と、最後はパークスのほうが観念して、夕方になってしぶしぶ勝の前に姿をあらわします。

＊1　広沢真臣　幕末・維新期の政治家。長州藩出身。木戸孝允とともに長州藩を指導し、幕府を倒す。維新後、参与・民部大輔などを歴任するが、暗殺された。（一八三三～七一）

＊2　後藤象二郎　幕末・明治期の政治家。土佐藩出身。坂本龍馬の影響を受けて、列侯会議論を唱え、大政奉還に重要な役割を演じた。維新後、征韓論争に敗れて下野。板垣退助《いたがきたいすけ》・副島種臣《そえじまたねおみ》・江藤新平《えとうしんぺい》らと民撰議院設立を建白。大同団結を提唱。のち逓信大臣、農商務大臣をつとめた。（一八三八～九七）

イギリスから提案された「密約」の中身

そこで、現実的な諸問題について話し合い、そろそろ実務的な話が終わりかけた頃に、パークスのほうが勝に「あなたも大変な立場にありますね」と声をかけた。

さあ、そこからが、勝の本領発揮です。まず自分たちの信念と苦衷《くちゅう》を、パークスに向かって滔々《とうとう》と語り始めたわけです。

家臣としては慶喜公の身の安全は確保したい。そして、国全体のためにも平和的な解決を望んでいる。しかし、向こうが仕掛けてくるなら、やらざるを得ない。そのときにはぜひ外国は中立を守っていただきたい。

そんな話をしたわけです。勝は国際法をよく知ってますからね。

「無辜《むこ》（罪のない人）を殺さず、外邦の手を借りず、天下の公道に処し、公義のあるところに安んぜんと欲するのに過ぎざるなり」

話を聞いているうちに、パークスも俄然、勝のことが気に入ってしまったのですね。

度胸はあるし、話は明快だし、弁舌もさわやか。背丈がなくちんちくりんで風采は上がらないけれども、なすべきことは責任を持って解決し、問題を先送りしない――。

国の責任者として信用できる人物である、というわけで、勝をディナーに誘うんです。

ちょうど今イギリスの軍艦が横浜に来て、艦長がいいやつだから、それに引き合わせよう。そして艦長を呼んで一緒にディナーを食べよう、と。すごいですね。初対面でそんなふうに気に入られてしまうのですから。

食事をしながら、勝はパークスたちに、いざというときは江戸を火攻めにしてしまうという例の作戦などを、つつみ隠さずに話してしまうんです。

薩摩と通じたイギリス側に話して、いっそ西郷の耳に届いてもかまわないくらいに思っていたかもしれません。西郷さんには、なんとしても江戸城総攻撃を断念してもらわなきゃいけませんから。

この翌日、西郷さんはパークスに呼ばれて会っていますから、この作戦を耳打ちされた可能性もゼロではないと思いますが、実際のところは藪《やぶ》のなかですね。ただ、もし、江戸中を火の海にされたりしたら自ら都を燃やしちゃった変な国と、世界中の笑いものになってしまう。西郷さんはそんなふうに心配をしたかもしれません。

この夕食中に「慶喜亡命」がイギリス側から提案されたであろうと考えられます。

「いよいよ追い詰められたときには慶喜公をいったいどうするつもりなのか」

と尋ねられた勝は、

「実はそのことでほとほと困っている。早く水戸表に帰したいところなんだけど、最終条件がそろわないから今は寛永寺に蟄居中の身である。とにかく死罪や切腹にならないよう身柄だけはお守りしたいのだが、どうしたものだろうか」

と率直に実情を打ち明けているわけですよ。すると、

「ならばうちの軍艦を貸してやるから、慶喜公をイギリスに亡命させたらどう

か」

と、驚いたことにイギリスのほうから持ちかけられたようなんですね。これは勝にとって願ってもない、ありがたい提案だったでしょう。勝は、

「ついては申し訳ないが、これから何が起こるかわからないから、イギリスの軍艦をここにあと一カ月滞船してもらいたい」

という期間の延長まで申し出て、「よしきた」と、艦長さんに快諾してもらうのです。こうして、日本国中のおそらく誰もが想像しなかった密約が結ばれたようなのです。


一方の西郷さんが京都からエッサエッサと静岡まで戻ると、そこにパークスから手紙が届いております。江戸に帰る前にいっぺん、横浜へ立ち寄ってくれとあるので、何事かと横浜を訪ねるんです。それが、三月二八日、つまり勝がパークスを訪ねた翌日です。前日に勝とパークスが面会したことなど知る由《よし》もない西郷さんは、いったい何の用事で呼びつけられたのか、怪訝《けげん》な思いだったことでしょう。

ここからは、当時パークスのもとで働いていたアーネスト・サトウの日記に出てくる話です。パークスは西郷さんに向かって、こう言って釘をさすのです。「政治のご一新の折、いっぺん降伏した慶喜やその家臣に対して、死罪なんかの厳罰に処すようなことをすると、ヨーロッパ諸国からの新政府の評判を著しく傷つけることになりますよ」と。

これはちょっとした牽制《けんせい》ですね。これには、西郷さんは「とんでもない。われわれはそんなことをするつもりは毛頭ござらぬ。降伏した君主の首を切るなんて、そんな野蛮なことはしない」。

すると「それはよろしい。まことに正しいことである」と言ってパークスもニコニコするわけです。

イギリスからの発言は、それなりの圧力となりますし、どっちの味方かわからなくなるようなパークスの発言に、西郷さんも心中穏やかではなかったでしょう。「あれ? ひょっとして、勝が来て、なんかあんたらに余計な話を吹き込んだんじゃないのか」くらいのことは想像したと思います。

もちろんパークスは涼しい顔で、知らんぷりを決め込んでいたことでしょうけどね。

だいたいこの戦争は、国内戦争ですから、万国公法など別に関係ないのです。イギリスの居留地に対しては、ちゃんと安全を確保して、保護することを伝えて戦争をやる分には何の問題もない話です。

ただ西郷さんの万国公法のなかには、国内戦争も含まれるととらえていたようです。当時から日本人は万国公法を（東条英機[*1]が登場するまでですが）たいへんに尊重して大切にしていたようなのです。

＊1　東条英機　昭和の軍人・政治家。陸軍大将。昭和一六（一九四一）年首相となり、太平洋戦争を開始。戦後、東京裁判でA級戦犯として絞首刑。（一八八四〜一九四八）

会談から一カ月——ついに江戸城無血開城へ

まあ、そんなやりとりがあって西郷さんは江戸へ帰り、四月一〇日には、勝、西郷が本門寺で再会。そこで、徳川慶喜は幕府側の要望通りに、水戸表での謹慎を許すことのほか、江戸城明け渡しの件など、まとまった最終条件が伝えられました。

翌一一日には江戸城無血開城とあいなります。薩摩藩屋敷での勝と西郷の会談からおよそひと月、ここではじめて戦争せずに江戸城開城の儀がなったのです。

江戸城の無血開城は、勝と西郷が談笑裡に話し合って決まった、なんて簡単なものではなく虚々実々のものでした、事実は。

そして徳川慶喜さんは四月一一日の早朝、江戸を去って水戸表に出立《しゅったつ》するわけです。慶喜さんの命が無事であり、江戸も火の海にならずにすみ、勝さんは大任を果たしたことになります。

ところが、その前の晩、慶喜と勝は大喧嘩をするんですね。慶喜というのは最後の最後まで勝のことを信用しきれなかったんです。「向こうの口車に乗せられて帰ってきたんじゃないか」とか、ぐじぐじ言うんですよ。城を明け渡す手続きが簡単すぎるのも、慶喜には不満だったようです。

しかし派手な開城などをして、新たな火種に火がつけば、困るのはほかならぬ慶喜さんなんですけどねえ。そんな家来の苦労などつゆほども知らない慶喜は勝を責め立てたんです。

この日まで、勝は慶喜のために、裏で血のにじむような努力を重ねてきたのに、いちいち報告も相談もしてませんから、理解されません。最後まで勝の苦労は報われることはなかったわけです。

現在でこそ、同時代に生きたアーネスト・サトウらの日記などにより、その奮闘ぶりが見えてきましたけど、当時は誰からも理解されなかったでしょうから。

勝は寛永寺の境内で空でも仰ぎながら、殿様はわかっとらんなと、深いため息をついたんじゃないですかね。

いずれにしろ江戸城無血開城は滞りなく終わりました。

そして勝と慶喜、和解のとき……

このとき戦争をしなかったことが、どのくらい新しい日本のために有益だったかということを考えると、江戸城無血開城の意味は、計り知れないほど奥深いものがあります。

もしも、国内戦争で江戸を火の海にして延々と戦争が続くようなことになれば、国家として本当にただごとじゃなかったろうと思います。

しかも条件は、徳川慶喜の命を助けろの一点のみ。

勝海舟は、もっともっと高く評価されてもいい人物だと思います。

西郷さんなど比較にならないほど勝のほうが日本全体のためになったと私は思っていますが、ここがまた、勝さんの面白いところで、西郷あっての自分だったととらえているんですね。

西郷があのくらいものがわかった人で、驚くほどの誠実さをもって対峙してくれたからこそ、自分も十分に働けた。あれがもし、不誠実な輩《やから》だったら最後まで交渉などできなかったと思う。西郷なくして、おれはない――それくらい西郷を高く評価していました。

だから、勝は最後まで西郷さんを大事にしました。

明治一〇（一八七七）年、西郷さんが西南戦争で反逆して自害して果てたあと、勝は警視庁からしつこく調べられるんです。お前、西郷と密約を交わしたんじゃないかと。大久保派に何遍も呼ばれて、さんざん嫌な思いをさせられているわけです。

それなのに、西郷さんが死んだ翌々年の明治一二（一八七九）年には一人で西郷さんを追悼《ついとう》する大きな石碑をつくっています。それを氷川の自宅に置こうと言って、まわりからそんなことしたら国賊になるよと止められる。

それで、これ以上家族に迷惑をかけるのもいけないと思い直し、今はもうないのですが、葛飾《かつしか》区の浄光寺《じょうこうじ》という寺の境内に石碑を建てました。ちなみに、その石碑は現在、洗足《せんぞく》池のほとりに建つ勝海舟夫妻の墓のとなりに移されております。

勝と西郷は、敵味方の関係でありながら、そのくらい精神的に強く結びついていたんです。

一方、勝が命を捨てても惜しくないほど最大限に尽くした慶喜とは、ず～っと仲が悪かったのですから人生はままならないものですね。

明治三一（一八九八）年三月、明治天皇は慶喜を皇居、つまりかつての江戸城に招いて一緒にお酒を酌み交わし、歴史的和解がなされます。

そして、その翌日、慶喜は勝さんの家に立ち寄ります。これがまた、旧幕臣の間では殿様を呼びつけたと悪評を買うのですが、もう勝さんも老衰で、出歩くことなどできない状態だったのです。

明治天皇が、親戚づきあいをするように、慶喜を皇居に招いたのを見届け、いろいろありましたが、生きている間に慶喜公にも会えた。勝はおれのやるべき仕事はすべて終わったと思ったのか、翌明治三二年に「これでおしまい」などと言って死んでしまうんですよ。

その勝は、無血開城をこんなふうに振り返っています。

「この議（焦土戦術）ついに画餅《がへい》となる。この際費用夥多《あまた》。我大いに困窮す。人ひそかに知る者、我が愚かなるを笑う。我もまたその愚拙を知る。然《さ》りといえども、もしかくの如《ごと》きならざれば、十四《ママ》、十五《ママ》の談、我が精神をして活発ならしめず、また貫徹せざるものなり」

これは一三日、一四日の会談のことを勝が記した内容ですが、江戸を丸焼きにしようだなんて余計なことを考えて、バカな金をたくさん使って、すっかり貧乏になった。おれもバカだよなあ。なんてしみじみ、述懐するんです。

幕末というのは、実は水面下で、剣の刃の上を渡るようないろいろ複雑な動きがあったわけです。そんな危険な心理戦を見事に戦い抜いたのが、ほかでもない勝海舟と西郷隆盛だった。

時代が求めたのでしょうか。

天の采配《さいはい》とはいえ、幕末の役者は格が違います。

時代がどのように動こうとも、戦争は空しいだけです。真の勝者とは、武力戦争を全知全能をしぼって回避し得た者ではないでしょうか。

第3章

自らを「アヒルの水かき」と揶揄《やゆ》した男

私が勝海舟に惹かれる理由

（出所：国立国会図書館）

勝海舟《かつかいしゅう》　〔文政六（一八二三）年〜明治三二（一八九九）年〕

通称麟太郎《りんたろう》、名は義邦《よしくに》、のち安芳《やすよし》と改名。海舟は号。江戸本所《ほんじょ》で、御家人勝小吉《こきち》の長男として生まれる。蘭学を修め、佐久間象山《しょうざん》に砲術を学ぶ。長崎の海軍伝習所に入り、安政七（一八六〇）年、幕府の遣米使節を乗せた咸臨丸《かんりんまる》の艦長格として渡米。その後、軍艦奉行に就任して神戸に海軍操練所をひらき、幕臣のほか坂本龍馬ら諸藩の学生、志士を教育。鳥羽《とば》・伏見《ふしみ》の戦いに敗れた徳川慶喜《よしのぶ》から対西軍交渉の幕府全権を委ねられ、西郷隆盛を説得し、江戸城の無血開城に成功。

維新後、西郷に請われ新政府にも出仕。海軍大輔《たいふ》、参議兼海軍卿、元老院議官、枢密《すうみつ》顧問官等を歴任するかたわら、旧幕臣の生活救済などに尽力する。明治三二（一八九九）年、東京赤坂氷川《ひかわ》町にて死去。著書に『亡友帖』『断腸記』『幕府始末』『海軍歴史』など、談話筆記に『氷川清話《せいわ》』がある。

幕末がやってきた――維新の風雲児、歴史の舞台へ

勝海舟（麟太郎）の生家である勝家は、徳川将軍家に仕える御家人でした。御家人は、徳川家の一大事にこそ江戸城に駆けつけますが、たいがいは無役で登《と》城《じょう》せず、内職をしたり市中でぶらぶらしている者が多かったようです。海舟の父・勝小吉は喧嘩がべらぼうに強く、市井《しせい》のならず者相手に無敵を誇り、本所の顔役になっています。平和な時代が続けば勝海舟（勝つぁん）も市井の一御家人として過ごしたことでしょう。

身を立てるために最初は剣術の師範を目指したようで、従兄弟《いとこ》の男谷精一郎《おだにせいいちろう》（幕末の剣聖）や、その師範代だった島田虎之助に剣を習い、直心影流《じきしんかげりゅう》の免許皆伝になっています。

その頃、日本近海に外国船が出没し始め、時代が動き出す気配が感じられるようになります。学問もそれまで江戸の中心的学問であった朱子学《しゅしがく》[*1]より新しい西洋

の学問が必要とされると考え、勝は蘭学者の永井青崖《せいがい》に弟子入りし蘭学を学び始めるんですね。

ところが、蘭学を学ぶには費用もかかるし本も高い。貧しい御家人の身では金の工面は大変なことでした。

そこで勝は一計を案じます。

有名な話ですが、『ヅーフ・ハルマ』（蘭和辞典）を借りてくると、自分で二回書いて写本を二冊つくり、一冊を手元に置き、もう一冊を売って学費にあてたというのです。もちろん二度も書き写せば頭にも入るというものです。

熱心に勉強した成果があり、蘭学塾をひらくことができ有名になります。この頃、西洋兵学者の佐久間象山とも知り合い、妹のお順は象山の妻になっています。

学問の世界では名が知られるようになり、そのままなら、市井の蘭学者で一生を終えたでしょう。ところがここで再び、運命を変える事件が起こります。ペリー艦隊の日本来航でした。

つまり幕末という〝激変の時代〟の始まりです。

＊1　朱子学　中国南宋《なんそう》の思想家朱子が大成した儒学。日本には鎌倉時代に伝わった。江戸時代のはじめ、林羅山《はやしらざん》が徳川家康に登用されて急速に発展、幕府文教政策の基礎となり、官学の地位を確立した。封建時代の日本に与えたその影響は大きかった。

〝黒船〟と渡り合える人材

ペリーが日本に開国を迫り、一年後に返事をもらうため再来訪することを告げて去ったあと、徳川幕府は大混乱に陥ります。

前代未聞の事態に幕閣はどう対応したらいいかわからないわけです。老中や幕閣は六、七万石以上一〇万石以下の大名から選ばれますが、「大名の子なら大名」という時代でしたから、この不測の事態に対応できる人材がいなかったのです。

前にもふれたように、開明的な老中首座・阿部正弘《あべまさひろ》は困り果て、幕府始まって以来のことですが、全大名、全旗本、全町民に向け海防に関する意見書を広く募集しました。ところが、幕閣をはじめ大名たちからは大した意見は出ません。町民からは「引き潮のときに江戸湾に杭を打って黒船を座礁させせよう」あるいは、吉原の名主からは「花魁《おいらん》に相手をさせ、酔っぱらわせて斬り殺しましょう」などという、突飛なものばかりでした。

そんななかにただ一通、すばらしい海防意見書がありました。これが勝が提出したものでした。これを読んで驚いた幕府海防掛《がかり》の大久保一翁《いちおう》(忠寛《ただひろ》)は、

「ぜひにでも、この勝という男を登用したい」

と進言します。

かくして無役の御家人だった勝は幕府中枢へと入ってゆく足がかりをつかみます。これまで勉強してきた努力が実を結び、このチャンスを生かすことができたのです。

ただ、その後、右肩上がりで出世したわけではありません。格式を重んじる古い体質の幕府にあって、ズケズケと直言する勝は嫌われることも多く、大抜擢《ばってき》と

罷免《ひめん》、蟄居《ちっきょ》を何度も繰り返すのです。

「幕府の海軍」ではなく「日本の海軍」創設を！

安政二（一八五五）年、幕府は長崎に海軍の教育機関「長崎海軍伝習所」を設けます。海防の必要性を説いていた勝も長崎に派遣され、航海術などを学び、その知識・技術を磨いていきました。

こうして五年ほど長崎で過ごした勝は、遣米使節団の一員として渡米することになります。米国への正式な使節団ですから、正使は米国艦に乗り、副使が日本の咸臨丸*1に乗って二隻《せき》で行きました。勝は咸臨丸の艦長格に任命されます。

この咸臨丸に福沢諭吉が乗船しました。福沢は「勝は航海中ずっと船酔いで使いものにならなかった」という旨をのちに語ったりして、それが事実のように受けとられていますが、これはただの中傷です。勝は長崎海軍伝習所時代、嵐を乗り切って船を天草の港へ無事に避難させたりした経験もあり、船酔いしたとは考えにくいのです。

勝と福沢はお互いに虫の好かないやつと思っていたのでしょう。のちに何度も対立がありました。

ただ、勝が航海のはじめの頃、船室にこもりきりだったのは事実で、その理由は、出航前に風邪を引いて体調を崩したことと、幕府の命令に得心できず、一種のストライキを起こしていたからでした。

当時日本には、難破した米国測量船の船長らが滞在していました。幕閣は彼らを咸臨丸で一緒に米国まで送るように命じます。

勝はこれに猛反対し、「米国人を乗せれば、必ず後世、米国人の助けで航海したと言われるに決まっている」と食い下がりますが、命令は撤回されませんでした。

日本人だけで見事に太平洋を乗り切ってみたい、いや、できる——これが勝の望みであり、自負であったのです。

これが勝のストライキの原因でした。事実、現在も「咸臨丸は米国人船員の力を借りてやっと米国に着いた」と言っている人たちも多いのです。

遣米使節が戻ってからは、大久保一翁や勝の開国論が広まり、幕府はそれを基本方針にして動きます。この時代、幕府や藩という意識を超えて、日本国という明確な国家意識を持っていたのは、勝海舟と大久保一翁だけであったと思います。

ところがこれに対して朝廷の孝明《こうめい》天皇は、外国人嫌いだったため「攘夷《じょうい》」を唱え、その言葉に力を得た攘夷志士たちがあちこちで騒動を起こし国中が混乱します。

一四代将軍徳川家茂《いえもち》は、国の今後について話すため、二二九年ぶりに上洛（京の朝廷を訪問）した将軍です。ところがこの上洛は、陸路で江戸から京まで行く、しかも大名行列どころか将軍行列ですから莫大な費用がかかります。

この頃幕府は、薩摩藩や攘夷志士らの外国人殺傷事件などの多額な賠償金まで支払っていましたから、台所は火の車でした。そこで、勝は経費の安い船での上洛を進言します。

そして、上洛した家茂に勝は大坂湾の防備体制を見せ、「外国と渡り合うなら、船です。それに優秀な船乗りも養成しなければなりません。海軍でこの国を守るほかはありません」と、神戸港を日本中枢の港湾とし、そこに海軍操練所をつくるべきと進言します。

家茂は若いながら英明な将軍で、この意見を受け入れ、神戸海軍操練所をつくらせます。勝の意見が通り、勝の株は上がります。

さらにそこからが勝の秀でたところで、「育てるのは幕府の人間だけじゃダメだ」と、授業料をとって全国各藩の人間を受け入れ、持ち前の闊達《かったつ》さと行動力で広く人材を育成し、登用に尽力します。門戸をひらいたことによって、坂本龍馬のような、浪人だがずば抜けた才能のある人間も加わってくるようになるのです。

全国の各藩から門下生が集まったものですから、勝の顔の広さは天下一品となります。なかには薩摩や長州の人間もいます。これがのちに幕府の交渉役として働くときにどれほど重要な意味を持つようになるかは本人も気づいていなかったでしょう。

また、その顔の広さを誤解され、逆に薩長のまわし者と疑われて引きずり降ろされることもありました。

勝が目指したのは幕府の海軍ではなく、「日本の海軍」の建設でした。

しかしここでも保守派からの反発にあい、操練所はつぶされ、勝は軍艦奉行を罷免され蟄居を命じられることになりました。このとき、坂本龍馬をはじめとする門下生たちを薩摩の西郷隆盛に預けています。

＊1　咸臨丸　幕末期に江戸幕府が保有していた軍艦。木造で三本マストを備えた蒸気船。

江戸城無血開城のあと、残された「二つの使命」

西郷隆盛と勝とのはじめての出会いは、一回目の長州征伐のときでした。

この出会いは西郷にとって、前述のようにとても大きな出来事でした。盟友、薩摩の大久保利通《としみち》あての手紙でも勝を絶賛しています。何せ勝は会った途端に「幕府はもうダメだ。つぶしちまおう」と言ったといいます。

つまり勝こそが、一五代将軍慶喜に大政奉還をさせた真の立役者です。彼の目的は内戦を回避して国を一つにすることでした。

戊辰《ぼしん》戦争が始まり、〝トコトンヤレ〟と西軍が東征するなか、勝は陸軍総裁として幕府方を代表する役割を担うことになります。

ここからが、勝海舟の一世一代の見せ場です。

薩摩にはイギリス、幕府にはフランスが背後についています。もし内戦になれば、日本国内は英仏の代理戦争状態となってしまいます。徹底抗戦を主張する幕閣がいるなか、勝は早期停戦と江戸城の無血開城を主張します。

幕藩体制のなかで、藩を超越して国家というものを意識し、国というとらえ方をしていた勝は、先を読む力、世界を見る目を持っていたと言えるでしょう。

そして勝は江戸城無血開城のために、西郷との会談という表舞台のみならず、前述のように、裏で、〝江戸焦土作戦〟の準備やイギリス公使パークスとの直談判など東奔西走したのです。

その後、明治になってから勝は慶喜の謹慎先の静岡に一家で引っ越します。「明治」における勝の使命は二つありました。

一つは慶喜と旧幕臣たちの地位向上、名誉回復、もう一つは旧幕臣の暴発を防ぐことでした。困窮する旧幕臣宅を回っては経済援助を続けています。たとえば静岡の牧ノ原を開拓してお茶をつくるように促し、静岡はそれ以降茶の生産日本一にまでなりました。

勝は言っています。

「おれの一生というのは、要するに〝アヒルの水かき〟よ」と。

アヒルというのは水の表面をスーッと何事もないような涼しい顔で動いていくが、下のほうじゃカカカカッと懸命に足で水をかいているんだ、という意味です。

新政府の中心メンバーである大久保利通や木戸孝允《たかよし》（桂小五郎）らが岩倉使節団として欧米へ視察の旅に出ます。その間に、西郷はその剛腕で旧幕臣である松平容保《かたもり》、榎本武揚《たけあき》などの賊軍の将たちの大赦免を断行、優秀な旧幕臣を次々と新政府に採用します。

勝も無理やりに引っ張り出されて、海軍大輔になります。同時に、大久保一翁も文部省の要職、山岡鉄舟《てつしゅう》は天皇の侍従《じじゅう》になるという具合で、勝の手引きもあって優秀な旧幕臣らがどんどん登用されます。

急遽、帰国してきた大久保利通らはこれに激怒、征韓論争で西郷を野に下らせます。

勝も西郷が下野すると二年ほどでさっさと政府を去っています。いいですか、勝は福沢が言うように、尾っぽを振って新政府の顕官になったわけではないのです。

西南戦争で西郷が自決したあとは、西郷の名誉挽回に尽力、前述のように独力でひそかに追悼碑まで建てています。

当時の明治政府には明白な国づくりの構想はなかったでしょう。

晩年の勝は、新聞などで評論活動を行ない、無能で小粒な政治家たちを舌鋒《ぜっぽう》鋭く批判しました。日本の海軍をつくった人とも言える勝ですが、日清戦争には反対の立場をとり続けました。

勝には、徳川慶喜の名誉挽回というやり残した仕事がありました。

明治三一（一八九八）年、勝が七六歳のとき、やっとのことで明治天皇への徳川慶喜の謁見がかない、三〇年越しの和解が成立します。将軍在任中はたびたび意見の対立を見た慶喜と勝でしたが、慶喜は皇居からの帰り道わざわざ勝の家へ寄り、礼を述べたと言います。

坂本龍馬や西郷隆盛に比べるとやや人気がない勝ですが、その理由は長生きしすぎたせいでしょう。それに政府にズケズケ言いすぎた。しかも少々ホラも吹きすぎました。やはり、若死にしたほうが英雄にはなりやすいのでしょう。

慶喜の名誉挽回を見届けた翌年の明治三二（一八九九）年、「おれの仕事は終わった」と七七歳でこの世を去っています。

命がけも淡々と——勝海舟の精神力

こうして七七年の波乱の生涯を送った勝海舟と言えば、第2章で紹介した薩摩藩屋敷での西郷隆盛との会談のときのことを頭に浮かべる人が多いことでしょう。

このときのことを、勝自身がその回顧談『氷川清話』でこう語っています。

「当日おれは、羽織袴で馬に騎《の》って、従者を一人つれたばかりで、薩摩藩屋敷へ出掛けた。まず一室へ案内せられて、しばらく待っていると、西郷は庭のほうから、古洋服に薩摩風の引っ切り下駄をはいて、例の熊次郎という忠僕を従え、平気な顔で出て来て、これは遅刻しまして失礼、と挨拶しながら座敷に通った」

淡々と、まるで日常の些事《さじ》を説くように語っていますが、西郷が勝者、勝は敗者、しかもそこは敵の牙城《がじょう》とも言うべき薩摩藩屋敷。そこへ従者を連れただけで乗り込んでいるのです。

事実、会談をしている座敷のとなりには、人斬り半次郎の桐野利秋《きりのとしあき》や村田新八《しんぱち》たち血気にはやるおっかない連中が刀を撫《ぶ》しています。

それを承知で勝は一大事どこ吹く風と悠々と話を始めている。尺進あれども寸退なしの気力を保ち続けていました。

近代日本の開幕を告げるこの会談のことを思い描くとき、私は勝の単身敵地乗り込みの精神に讃嘆しないわけにはいかない、といつも思います。周章狼狽《しゅうしょうろうばい》の幕臣どもをあてにせず、事はおのれ一人の責任において処理する。並の人間にはとてもできない離れ業《わざ》、というより精神力の勝利というものでした。

「みんな敵がいい。そのほうが大事ができる」

大仕事は、それでスムーズに万事がすんだわけではありません。実はそれから勝の生命は、風前の灯《ともしび》とも言える危険な目に何度もあっています。

というのも、勝の決断と行動は、ごく今日的に考えてみれば、体制のなかにいながら、その体制をぶちこわし、体制の枠を超えてずっと先を見通している。とうてい他人には理解できるものではなかったからです。

主君への忠誠の観念からすれば、勝は裏切り者であり、また官軍の天皇に対する新しい忠誠の立場からすれば、文句なしに彼は仇敵《きゅうてき》でしかありません。

そのどちらへも勝の帰るべき場所はないのです。それゆえに幕臣からも薩長からも命を狙われることになります。

にもかかわらず、勝は豪語していました。

「誰を味方にしようなどと言うから、間違えるのだ。みんな敵がいい。そのほうがわかりよくて、大事ができる」

もともと開明派の勝は、早くから攘夷派に命を狙われています。その危険は江戸開城のあとも続いています。そのことをのちに『氷川清話』などで悠然と語っているのです。

「おれは今日までに、都合《つごう》二十回ほど敵の襲撃に遭《あ》ったが、現に足に一ケ所、頭に一ケ所、脇腹に一ケ所の疵《きず》が残っているよ。

安政二年におれが初めて海軍へ出てから維新の頃までに、ずいぶんいろいろの危難に遭遇して、これがためにおれの肝も坐ったのだ」

「おれの家には、護衛も壮士もいなかった。護衛や壮士は、実に恃《たの》むに足らず、また恃むべきものではないよ。壮士の代りに二、三人の女中を置いて、来客の応接、その他の用を弁じていたが、これは、どんな乱暴者でも、婦人には手を出すまいと思ったからさ」

なかでもいちばんの危機は、すでに江戸城引き渡しが終わったあとの、慶応四（一八六八）年四月の末のことではなかったかと思われます。

この日の夕暮れに半蔵門の外で騎乗の海舟は、薩長の兵に小銃で狙撃されました。

弾丸は頭すれすれに飛び身体には命中しませんでしたが、馬が驚いて後ろ足で立ち上がったため、海舟はたまらず仰向けに落馬して頭を強く打って一時悶絶《もんぜつ》しました。そのあとのことを『氷川清話』で楽しそうに語っています。

「しばらくして自然に生き返って、あたりを見廻したら、誰も人はおらず、馬は平気で路ばたの草を食っていた。官兵はおれが落馬してそれなり気絶したのを見て、弾丸《たま》が中《あた》ったものと心得て立ち去ったのであろう。いや、あの時は実に危いことであったよ」

勝の一生を支えた「剣術」と「禅学」

それにしても、数限りなく死生の間に出入りして泰然としていられる。言うならば平常の心でいられる勝という人――。

どうすればこうした危機に処して惑わず、難局にあたって恐れない心胆が練り上げられるのでしょうか。

勝自らがその疑問に答えるかのようなことを語っています。

「本当に修業したのは、剣術ばかりだ。全体、おれの家が剣術の家筋だから、おれの親父も、骨折って修業させようと思って、当時剣術の指南《しなん》をしていた島田虎之助という人に就けた。この人は世間なみの撃剣家とは違うところがあって、始終、『今時みんながやりおる剣術は、かたばかりだ。せっかくの事に、あなたは真正《ほんとう》の剣術をやりなさい』といっていた」

そして島田は、その真正の剣術をやらせるべく、少年時代の勝をみっちりとしごきました。飯炊き、拭き掃除から洗濯、そして道場での荒稽古。寒稽古となると、日常の稽古がすんだ夕方から素足に袷《あわせ》一枚で木刀を持たせ、王子権現《ごんげん》（今の向島にある牛島神社）に駆け足で行かせました。生半可《なまはんか》なところはありません。

「まず拝殿の礎石に腰をかけて、瞑目沈思《めいもくちんし》、心胆を錬磨し、その後、起《た》って木剣を振り、さらにまた元の礎石に腰を掛けて心胆を錬磨し、……こういうふうに夜明けまで五、六回もやって、それから帰って朝稽古をやり……」

楽しそうに勝は語っていますが、それほどまでに若き日には剣の道に打ち込んで鍛えられたことがわかります。

さらに島田虎之助の教え「剣術の奥義を極めるには、まず禅学を学べ」を勝は忠実に守りました。（今の向島の弘福寺の）禅堂で坐禅を組んで修行すること四年に及んだと言います。

「この坐禅と剣術とがおれの土台となって、後年、大層ためになった。（幕府）瓦解《がかい》のとき、万死の境を出入りして、ついに一生を全《まっと》うしたのは、まったくこの二つの功であった」

官軍の東征を迎えて、抗戦か恭順かをめぐって、江戸城内は痛憤《つうふん》、怒号、悌《てい》泣《きゅう》、憤激、悚然《しょうぜん》が渦巻きました。将軍様は腰抜けかという絶叫までが飛び出した。そのなかにあって毅然として動かざること山の如《ごと》き勝海舟。これ一事をもってしても、勝の若き日の修行は並のものではなかったことが知れるのではないでしょうか。

勝は最晩年にごくごく淡々として語っています。

「一たび勝たんとして急なるは、たちまち頭熱して胸跳《おど》り、措置《そち》かえって顚倒《てんとう》し、進退度を失するものだ。もし遁《のが》れて防禦にまわろうとすれば、たちまち退縮の気が生じ来たりて相手に乗ぜられる。事、大小問わずこの規則に支配せられるものよ。

おれはこの人間精神上の作用を悟りきって、いつもまず勝敗の念を度外におき、虚心坦懐《きよしんたんかい》、事に処した。それで小にして刺客、乱暴人の厄《やく》を免れ、大にして（幕府）瓦解前後の難局に処して、綽々《しやくしやく》として余地をたもった。これは結局、剣術と禅学の二道により得来った賜物であった」

死生一如《しせいいちによ》――勝海舟の生涯はまこと一筋につらなる見事なものでした。死に臨んで口をついて出たのは、

「これでおしまい」

と、やるべきことはすべてやった、と言わんばかりのひと言だったのですから。

人間は誰もこうありたいものです。

第4章

圧倒的薩長軍に抗した〝ラストサムライ〟

河井継之助の「不合理を超える」生き方

（出所：国立国会図書館）

河井継之助《かわいつぎのすけ》〔文政一〇（一八二七）年～明治元（一八六八）年〕

幕末の越後長岡藩の家老。

江戸をはじめ諸国に遊学し、佐久間象山《しょうざん》や古賀謹一郎《きんいちろう》、山田方谷《ほうこく》に学ぶ。長岡藩に戻ると、藩の要職に就き藩政改革を行なう。藩の組織・財政改革はもちろんのこと、農政改革、灌漑《かんがい》工事、兵制改革、教育改革などを実施し成果をあげる。

戊辰《ぼしん》戦争が始まると、本来は家老になれない家柄にもかかわらず手腕を買われ長岡藩家老に就任、軍事総督に任命される。新政府・旧幕のいずれにも荷担しない武装中立策をとり、新政府軍と直談判するも失敗、戊辰戦争最大規模の激戦となった。継之助自身もこの戦闘で負傷し、陸奥会津に向かう途中で死去。その後、明治元（一八六八）年、長岡藩は降伏する。

司馬さんが描いた私の〝第二の故郷〟

司馬遼太郎さんは大著『峠』[*1]で小千谷《おぢや》会談に向かうこの人をこう書いています。

「駕籠は、すすんだ。

道は信濃川の西岸をとっている。浦村、高梨《たかなし》村とすすみ、三仏生《みぶしょ》村（小千谷の北一里）まできたとき、このあたりが官軍の最前線らしく、薩長の兵七十余人が屯《たむ》ろしていた。

――なに者か。

と、村の入口で誰何《すいか》された。継之助は引戸をあけ、

『長岡藩河井継之助』

と名乗り、なお礼をつくすため乗物から身を出そうとした……（以下略）」

浦も高梨も三仏生も、私には懐かしい名前です。司馬さんには、ここまで丁寧

にお書きくださるなら、浦と高梨の間に、小なりとはいえ石津《いしづ》、五辺《ごへん》の二村の名もなんとか書き入れていただきたかった。

とくに石津。ここは私の第二の故郷です。私が住んでいた頃は、冬ともなれば雪の深い、雪の底に沈んで、人跡稀となる戸数八〇ばかりの寒村でした。

河井継之助は、慶応四（一八六八）年五月二日（九月八日から明治元年となる）、浦村からわが旧家の前の野良道を通って駕籠《かご》にゆらゆら揺られて、信濃川にそった道を行き、小千谷におもむいたことに間違いありません。五辺・高梨へは一本道です。

小千谷の慈眼寺《じげんじ》で、この日、継之助は西軍の軍監岩村精一郎と会談しました。

彼は、

「必ず会津藩を説得して戦いをやめさせるから、進軍を待ってほしい」

と申し入れます。岩村は、軍備をととのえるための巧妙な時間稼ぎにすぎないと見なして、席を蹴った。継之助の最後の賭けはこうしてわずか三〇分で不調に終わったのです。

長岡藩を奥羽越《おううえつ》列藩同盟に走らせ、北越の地を血で染める契機となった小千谷会談は、さまざまな歴史書に、つづめてみればこのように書かれています。

そのあと、何度も継之助が懇願しましたが岩村は受けつけませんでした。翌三日にも出向いたのですが、ケンもホロロに追い払われた。万事はここに休しました。

やむなく、継之助は小千谷を出て、道を変えて片貝《かたかい》から本営へ帰ろうとしましたが、この方面では前日から、会津藩兵や旧幕府歩兵隊と薩長軍との間に、激闘が始まっています。

それでもまた、三仏生・高梨・五辺、そして石津を経て浦村付近で信濃川を渡り、継之助は摂田屋《せったや》の本営に帰った、と言います。

＊1　『峠』　司馬遼太郎の長編時代小説。『毎日新聞』に連載され、連載終了の昭和四三（一九六八）年に新潮社から上下巻で初版刊行された。それまでほとんど無名に近かった幕末から戊辰戦争時の越後長岡藩家老・河井継之助の名を、一躍世間に広めることとなった。

「官軍」とは片腹痛い

わが村から片貝までは約二キロ、戦前の言い方では半里《はんみち》の距離です。再びわが家の前あたりを過ぎるとき、殷々《いんいん》たる砲声や砲煙を継之助は耳にしたに違いありません。行くとき帰るとき、駕籠に揺られながらこの人は何を考えていたことでしょう。

西軍側からは「継之助は素《もと》より剛腹の士、権を専らにして同僚を圧伏す」と見られていたサムライでした。表情一つ変えることもなく、居眠りでもしていたのでしょうか。そうではなく、口元にわずかな笑みを洩らして、ほっとしたような表情をしていたと思えてなりません。

太平洋戦争直後の食物のなかった頃、私は三仏生の従姉《いとこ》の家へ、母と一緒に交代でリヤカーを引いて、何度か米を買いに行ったものでした。戦後の、どこか空しいが明るい思いを、リヤカーに母を乗せて継之助と同じ信濃川ぞいの道を引きながら、たっぷり味わった記憶があります。

戦中戦後にかかわらず、長岡藩の悲劇と復興の歴史は十分に中学校で叩き込まれました。私にとって河井継之助、三間《みつま》市之進*1、小林虎三郎*2、三島億二郎《おくじろう》*3、山本帯刀《たてわき》*4らはすでに一〇年の知己のような存在です。

長岡藩では敬称を「さん」と言って、「さま」とは言いませんでした。同輩には「さん」の略で「さ」を使いました。たとえば継之助は〝継さ〟です。わが村もその流れを汲《く》んでいます。

そして、官軍などとは金輪際《こんりんざい》言いませんでした。

彼らは、不平不満の貧乏公卿を巧みに利用して天皇を抱き込み、尊皇を看板に、三〇〇年来の私怨と政権奪取の野心によって倒幕を果たそうとする無頼の徒輩にすぎない。この認識は、長岡藩家中一党のものであったでしょう。

王師《おうし》（王の軍）ならば、戦いを好み、民を苦しめるものであるはずはない。だから、越後人には〝官軍〟などとはおこがましく、片腹痛いのです。あくまでも〝西軍〟なのです。

その西軍との談判に敗れて帰路につく継之助には、これから厳しい戦火が待ち受けているのです。敵の大軍を引き受け、己の決意のもとに藩の命運を賭し、歴史の流れに抗せねばなりません。

「かかる無謀の徒は王師ではない。挑まれた戦いに、われら立たざるべからず」

と、覚悟は悲壮なものです。

それにしても、最後には戦いあるのみと腹に決めつつ、どんな考えを秘めて、どんな条件を背にして、また、どれほどの自信があって、継之助は小千谷会談に臨んだのでしょうか――。今、それがひどく気になってくるのです。

＊1　三間市之進　洋学を志して江戸に遊学。帰国後、藩政に携った。花輪馨之進《けいのしん》・渡辺進とともに長岡藩の三進と讃《たた》えられ、戊辰戦争では軍事掛をつとめた。のち石川県知事となる。（一八三四〜九九）

＊2　小林虎三郎　藩命で江戸に遊学し、佐久間象山の門下に入る。戊辰戦争後、長岡藩大参事をつとめた。教育第一の思想から、支藩の三根山《みねやま》藩から見舞いとして贈られた「米一〇〇俵」を売って金に換え、その金で学校を整備して、人材を育成した。それが長岡中学校、今の長岡高校である。そこから山本五十六《いそろく》をはじめ多くの有為

な人物を輩出した。（一八二八～七七）

＊3　**三島億二郎**　長岡藩大参事をつとめ、戊辰戦争後の廃墟となった長岡復興に尽力。藩士や領民のための産業振興、教育環境の整備、病院や銀行の設立、さらには北海道の開拓と移民などを行なった。長岡復興の父。（一八二五～九二）

＊4　**山本帯刀**　山本家の養子になり、家老職を継いだ。戊辰戦争では大隊長として奮戦。長岡落城後は会津に転戦し飯寺《にいでら》の戦いで捕らえられ、西軍のすすめる降伏を拒み続け、斬首。山本五十六は高野家から養子として山本となり山本家を再興した。（一八四五～六八）

〝茶番〟だった小千谷会談

慶応四（一八六八）年四月一一日の江戸城明け渡しによって幕府は消滅しました。北越・奥羽での戦争はその後に始まるのです。

この年は閏《うるう》年で四月が二度あります。その閏四月一九日、会津征討越後口総督軍（西軍）は高田に集結、十分な軍議を練った上で、山道軍と海道軍の二つに分かれて進軍を開始します。反攻する旧幕軍や会津軍を撃破して、西軍の先鋒が小千谷に入り、本拠を定めたのが二七日です。

小千谷には当時、会津藩が五万石の領地と三万五〇〇〇石の預所を持ち、陣屋を設けていました。

さらに二九日、別の進撃路をとった海道軍は、柏崎を占領、小千谷と連絡し、長岡藩を南北から挟撃する態勢をとりました。連戦連勝で西軍の意気は大いに上がっています。そして西軍総督の命令は、全軍が高田にあったときに越後諸藩に下され、各藩がぞくぞくと恭順の態度を表明。それらの小藩の兵を先導にしての進撃でした。

これまでも述べてきたように、西軍にとって、この戦いは〝革命戦争〟です。否が応でも武力で敵を倒さねばなりません。倒すことで政権の代わったことを天下に示そうという戦略のもとに、軍を進めてきています。

二万以上の、この圧倒的な兵力の猛威にさらされながら、七万四〇〇〇石の小藩長岡はこの間じっと沈黙を守り続けました。西軍の目からすれば日和見《ひよりみ》です。

の、かかる徒輩がいくら加わっても、真の役には立つまいと思う」

と、西軍のいちばん痛いところをつく。そして、さらに結論として言います。

「しばしの時日をかして戴きたい。時日をかして戴ければ藩論を統一し、一方においては会津・桑名・米沢の諸藩を説得して王師に抗《あらが》わぬよう申しきかせ、無駄な戦をとめ、越後・奥羽の地を血ぬらぬように、私めがやってごらんにいれる」

勝ちにおごる西軍が、この提言をまともに聞けるはずがありません。これが歎願とはあまりに虫がよすぎるでしょう。差し迫った状況認識を欠く勝手な理屈と言うほかはありません。

「中立とは何を言うのか。王土のもとすべて王臣あるのみ。なんで中立など許されるものか」

と岩村は無下《むげ》に歎願をしりぞけました。

たしかに、会津・米沢らの大藩を説得する力が、小藩たりと言えどももし長岡にあるなら、それを信じさせるに足る何らかの実力を前もって示しておかねばなりません。それもせずに相手をやみくもに説得しようとしても、それは無理というものでしょう。西軍参謀の胸には、これが鼻もちならぬ過信、たわごとと響くばかりです。

事態の流れを追っていけば、会談は、はじめから決裂する運命にありました。結果論で言えば、開戦のきっかけをつかむためのものでしかありませんでした。あるいは、開戦の責任を西軍に負わせるための、小手先の奇計と見られなくもないのです。

公平に見て、長岡藩の軍備を整えての歎願というのも奇妙なら、歎願に応ずると言っておきながらわずか二〇分で席を蹴って立ち、「歎願書」を受け取ろうともせぬ西軍の態度も奇怪です。所詮《しょせん》は〝茶番〟にしか見えないのですね。

もっとも西軍にとっては、俊才の誉《ほまれ》の高い河井継之助なるものを捕らえる唯一の機会でした。その機を逸し、「これいわゆる虎を山に放つもの、のち必ず患害をのこさん」と多くの人に嘆ぜしめた大ミスをやった岩村軍監に対し、若すぎた（当時二〇代）という評が、戦後に起こったのも決して故なしではないのです。

「抗戦」あるのみ！

長岡藩はいったい何を考えていたのか――。

ひと言で言えば、河井継之助には、会談が決裂した場合の覚悟がすでに固まっていたのです。そうとしか考えられません。それは旧幕府のため、長岡藩のため「どうしてもやるというなら存分に戦ってみせる」の存念です。必ずしも、あくまで局外の中立の立場を固守し、なんとか長岡藩を戦争回避の場に持っていこうとするものではありませんでした。

彼はそのために、稲垣平助、酒井貞蔵、伊藤幹蔵《かんぞう》、山田愛之助、陶山《すやま》善四郎らの恭順派を閉門あるいは蟄居させて、藩論を佐幕一本に絞ってきているのです。

継之助は、何よりもサムライでした。そして明白なる佐幕派でした。長岡藩士として、自分の置かれている現実につねに忠実であろうとし、そして忠誠でありすぎました。そして長岡藩と旧幕府、徳川家とのつながりをつねに強調し続けていたのです。

彼のうちにある燃ゆる思いは、譜代の藩は徳川家に殉ずべきである、ということでした。

そしてまた、継之助は陽明学《ようめいがく》*1の忠実なる徒なのです。この学問の教えるところによれば、事を起こすときは、その成否を問うことは無意味。結果を問うなかれです。むしろ事を起こすことの利害を論ずることは恥ずべきこととしました。事を起こすなら、それがいかに美しいかだけを突き詰めていくのです。

進攻する西軍を引きつけられるだけ引きつけておき、談判によって事を一挙に解決しようとする、この思いきった継之助の策は、まさしくこうした〝思想的美意識〟に基盤を置くものであったのでしょう。

しかも、それをしっかりと支えるものとして、長岡藩の軍事力に対する彼の過信があったとも思われます。

藩公の名をもって、彼は思いきって藩政を「富国強兵」策に絞って改革しました。反対の声を有無を言わさず押さえつけました。最終的に長岡藩を滅ぼしたものは、皮肉にも「抑止力」という名のもとに彼の築いた軍備であったと言わざるを得ないほど、この時代の先端を行ったのです。

この人を武装中立論者と見る人は多い。たしかにそう見ることによって、戦いたくないのに戦いに巻き込まれ、そして超人的な戦闘ぶりを示して戦死、と悲劇味はいっそう濃くなります。それは日本人好みの悲壮感のある見方でしょうね。

しかし、必ずしも正しくはありません。

小千谷会談において「時日をかして戴ければ藩論を統一し」という彼の言葉とは裏腹に、藩論はすでに彼の辣腕《らつわん》によって統一されていました。局外中立の一片の言もなく、いざとなれば断固として「抗戦」あるのみであったのです。

＊1　陽明学　中国、明の王陽明が唱えた儒学の一派。知識と実践の一致（知行合一《ちこうごういつ》）を根本思想とする。日本では、中江藤樹《なかえとうじゅ》や熊沢蕃山《くまざわばんざん》、また大塩平八郎らに受け入れられた。

豪《え》らすぎた男

継之助は青年時代から〝悍馬《かんば》〟と言われ、才能は豊かだが御しにくい男とされていました。議論するとあとへ引かず、妥協のカケラもない、自信の強い男。彼が信じた唯一の師ともいうべき山田方谷*1が、

「あれでは自爆してしまう。豪《え》らすぎる」

と心配したように、彼の才腕には並の人間はついていけませんでした。人を人とも思わぬ切れ味は、畏怖《いふ》されると同時に鼻つまみになる裏面を持っていました。

その継之助が、強引さと主君の寵《ちょう》をバックに、藩論を引きずっていったのです。

長岡藩ははじめ征討軍総督命令を受けたとき、佐幕か恭順かで大いにもめ、一度は恭順派の強論に統一され、兵を西軍側に差し出そうと決めたことがありまし

た。それを、江戸退去のとき、藩邸の重宝類を売った金で買い込んだ多量の新兵器を積んで、海路帰国してきた継之助が、藩公牧野忠恭《まきのただゆき》のバックアップのもとに一挙にひっくり返したのです。

藩主の命《めい》は絶対です。継之助は、自分一個の政略・戦策を絶対命令と化して、断行していきました。

そして、その力は切れ者の名にふさわしく、短日月に築き上げたものでした。もともと継之助の家格は一二〇石、長岡藩では中流を出ません。それが、いざ役職に就いて家老上席に上るまでわずか二年有余。抜擢《ばってき》に次ぐ抜擢で、藩士は半ばあきれ、半ば嫉視《しっし》しました。

「天下になくてはならぬ人となるか、あってはならぬ人となれ。沈香《じんこう》もたけ屁もこけ」

と、継之助は日頃語っていたと言いますが、彼はその言葉通り、つねに触れれば切れるような生き方で終始しました。

バックに藩主の寵があったことは、すでに書きました。時局急転のときとは言え、その迅速きわまる昇進は、主君の庇護と威勢なくしては考えられません。

「君寵を頼んで独自の政論を押し通すやつ、いったい長岡藩をどこへ持ってゆこうとするのか」という反対派の声を無視し、継之助は己の信条通りに藩を引きずっていきました。

継之助は文政一〇（一八二七）年元旦に、父・代右衛門（秋紀《あきのり》）、母・さだの長男として生を享《う》けました。良寛《りょうかん》と交友を持ち、茶道にも造詣の深い父とは異なり、彼は気性の激しく気位の高かった母の気質を多く受けていました。母は、当時の婦人としては珍しいほど算盤《そろばん》ができたと言いますから、のちの継之助が数学に強く、人一倍も経済観念の強いことは、またその血を受け継いだものでした。

幼いときから奔放不羈《ほんぽうふき》、武士の子としての剣術や槍術・馬術の修業などまったくの自己流に徹したと言います。要は一旦緩急のとき役に立ちさえすればいい、流儀などの枝葉末節は、どうでもいいと高言しました。形よりも実を尊ぶ実学的な思想が幼少にして身についていたのです。

「その性、忌刻《きこく》にして、己に勝つ者を喜ばず」と、軒《のき》を接してとなりに住んでいた藤野友三郎《ともさぶろう》という幼友達が、負けず嫌いだった少年時代の彼を評しています。また、「学を好む。夜々書を読みて鶏鳴に至る」と無類の勉強好きな一面もありました。

一七歳のとき、彼は己の生き方の方向を定めます。鶏をさいて王陽明を祀《まつ》り、国家社会をおぎない扶《たす》けるような名臣になろうと志を立てました。陽明学の教えるままに一生を貫かんという覚悟です。

嘉永《かえい》五（一八五二）年二六歳になってはじめて江戸に遊学し、斎藤拙堂《せつどう》に学び、続いて古賀茶渓《さけい》の門に入りました。また同じ頃、佐久間象山の門をも叩いていますが、象山のはったりめいた学風には好感を持たなかったようです。

そして古賀門下にあったとき、運命的な書物に彼は出会っています。

中国の宋《そう》時代の宰相李忠定《りちゅうてい》の政策・思想・上奏文などをまとめた一二巻の大冊です。当時の宋は北方の強敵金の襲来の脅威に、たえずおびやかされていました。これに対処するためには、徹底的な富国強兵の策あるのみと断じて、一歩も退くことなき抗戦の論を李忠定は終始展開し続けました。

「詩文・経史の課は一切与《あずか》らず。終日、兀々《ごつごつ》として『李忠定公文集』を写すこと、春より秋に連なり、写し了《おわ》ればすなわち去る。人、もって偏狭《へんきょう》固陋《ころう》と為す。一文集を得て、終身、これを奉じて自ら足れりとす」

と、古賀門下の塾頭の一文が残されていますが、まさに継之助の面目躍如ですね。一つのことを信じ、美しいと感じ、黙々としてそれだけを徹底させてゆく継之助の「偏狭固陋」さは、ほかの一面において、学友たちをやりきれぬ思いにさせたのでしょう。

越後人のある典型を見る思いがします。

＊1 山田方谷　幕末・明治初期の陽明学者。備中《びっちゅう》（岡山県）松山藩士。江戸に遊学して佐藤一斎《いっさい》に入門。藩主板倉勝静《かつきよ》を補佐し、藩政刷新にも尽力。（一八〇五〜七七）

藩内きっての嫌われ者に……

彼が、とくに好んだ李忠定の文章は、奏議《そうぎ》つまり主君へ出した上奏文です。そこに、青年時代の継之助の実学の精神と、生き方の基本がありました。

いかに見識を磨こうが、北越の一小藩、徳川家譜代の藩、門閥の厚い壁が彼の四方を塞《ふさ》いでいます。役職は家格によって伝統されています。たとえば、稲垣、牧野、山本など五家が三河以来家老に就く家柄です。

組織・機構ががっしりと固まっている長岡藩にあっては、いかに卓越した才幹を持とうとも、網の目に張り巡らされた門閥の壁を突き破るのは困難、というより、ほとんど不可能に近い。

しかも継之助は「牧野の臣」である、という封建家臣意識を払拭《ふっしょく》できないサムライでした。だが一つ立身の方法がありました。絶対の力を持つ主君の目に留まること、それです。

継之助は上奏文の持つ効力に注目し、それを必死に学びました。志を訴える手段として、その力を身につけようとしたのです。何事であれ自己流でゆく、悍馬らしい目のつけどころですね。

事実、その努力はただちに実を結びました。

藩主牧野忠雅《ただまさ》（当時）に提出した「献言書」が、この男が並の器でないことを主君に知らせたのです。継之助の選んだ門閥への挑戦法はたしかに誤りではなかった。嘉永六（一八五三）年、ペリー来航の衝撃で、日本国そのものが根元から揺すぶられたときのことです。当時継之助は江戸留学から帰国直後の二七歳。

忠雅は彼を部屋住みからいきなり抜擢して、御目付格評定方随役《おめつけかくひょうじょうがたずいやく》という、今日風に言えば社長室の一員に任じたのです。藩政のあり方を考える中枢にいきなり選ばれる。当然のように、門閥との軋轢《あつれき》が生じました。君恩に報いようと、継之助が張り切れば張り切るほど、ことごとく衝突しました。

華々しかるべき政治への初登場は、あっけなく挫折。出仕したものの四面楚歌で、ことごとく意見の対立、言うことなすことに猛反対を受け、憤懣《ふんまん》は募るばかりです。三カ月で辞任。

並の人間なら気を滅入らせるところですが、継之助は克己心も自信も人一倍の男でした。そしてまた、小ざかしい策を用いるよりも、正面から攻撃する男でした。ただちに門閥弾劾の意見書を江戸の忠雅に送り届ける。が、このこともすぐに藩内に知られて、「あの野郎」と藩内きっての嫌われ者となるんですね。

一年のうち半年は雪の下に閉じ込められて息をひそめる長岡。そこで、〝昇龍〟の意気を持ちながらも、門閥の厚い壁に跳ね返された継之助は、部屋にこもり、おそらく「兀々として」筆写してきた『李忠定公文集』を読みふけっていたことでしょう。

ようやく訪れたチャンス

継之助は自ら「蒼龍窟《そうりゅうくつ》」と号しました。人の手綱《たづな》によって御される牛馬などと違い、龍は雲を得て天空を駆けるのです。雲とは、すなわち忠雅のあとを継いだ主君忠恭。

忠恭は野心的な殿様でした。藩主となると、さっそく機構改革、人事改正の策を実施する。トップに立った者がやりたがるように……。安政五（一八五八）年、忠恭は三五歳。

このとき、継之助は前年父の隠居によって家督を相続し、やっと一人前と認められながらも、雌伏を続けているところでした。少しばかり光明が射し込み始めます。忠恭が忠雅から、その人のあることを聞かされていたらしいのです。

しかし、無理やり力で押しまくり、言いたいことを言う継之助には敵が多かった。その存在は知られながら、ただちに登用と話がうまく運ぶはずはなかったのです。

チャンスが訪れたのは、それから七年後。宮地村というところで庄屋と村民の間に争いが起こり、その早期鎮静を必要とした藩は、継之助を起用することで厄介な仕事を押しつけてみたのです。慶応元（一八六五）年七月、継之助はすでに三九歳の壮齢に達しています。役名は外様吟味《とざまぎんみ》役。彼は奮い立ちました。

この騒動解決に、継之助は実務家としての才能を見事に発揮しました。しかも和解直後にもう一つ、信濃の支藩・小諸《こもろ》の牧野家に一種のお家騒動があり、またしても、この処理を藩の重役は継之助に押しつけたのです。しかも、仲裁人としての格づけの必要から、彼は郡《こおり》奉行に抜擢されます。そして継之助はその任を果たしました。

人間の才能というものは、えてして上に立つ人間の意地の悪い企みから引き出されると言います。それを生かして成功した男は幸運です。大方は失敗すべく失敗し、左遷を自然に納得させられる。

継之助は企みに勝ち、地位を上げていく。蒼龍は雲を得るのです。

黒船来航以来の時勢の急転に処置しきれずに焦《あせ》る忠恭は、継之助に目をつけ重用し始めます。継之助も忠勤を励みます。名君たらんとする忠恭は、継之助の才覚を利用し、若くして名臣たらんと立志した継之助はまた、巧みに主君をリードし、主君の勢威をもって藩政に臨みました。

忠恭は、継之助の策を容《い》れて政策を進め、彼を次々に昇進させました。郡奉行から町奉行へ、町奉行から御奉行格へ。それは一二〇石の河井家が、古くからの門閥と同位にまで引き上げられたことを意味します。

忠恭の懐《ふところ》にしっかりと食い入った継之助の異例の昇進は、もちろん彼の異才に負うところも多かったでしょうが、スタートで困難な仕事を成功させたという経歴が、才能ある人物と人々に思わせることにひと役買ったのです。事実彼は、事務能力に優れ、ことに理財の面に明るい。このことが彼に利したのでした。

郡奉行のとき、賄賂《わいろ》の横行を取り締まり、悪代官を追放、灌漑工事を起こし農地を富ませました。町奉行として、賭博を禁じ、遊廓《ゆうかく》を取り払い、妾《めかけ》を持つことも主君の命令の名のもとに厳禁。代々世襲の株特権を廃止し、誰にでも商いのできるようにしました。

小藩でありながら、忠精《ただきよ》・忠雅・忠恭と藩主三代にわたって京都所司代、さらには幕府中枢の老中をつとめるといった、わずか七万四〇〇〇石の実力以上の権勢ぶりは、当然のことながら藩財政に影響を与えました。その財政の立て直しに継之助は強腕を発揮したのです。

忠恭の幕閣中枢での活動欲と、継之助の権力掌握への野心とは、形影一如《けいえいいちによ》と言っていいでしょう。すでにふれましたが、外様吟味役から家老上席の最高位まで昇り詰めるのに、わずか二年有余。藩財政立て直しの大目標を押し立てて、彼は次々に門閥の厚い壁を突き崩し、反対勢力を組み敷いていく。

その師・山田方谷が継之助を評した言葉が、またしても思い出されてきます。

「志は経済に鋭く、口に事功を絶たず」

それを心配して方谷は、戒めの言葉を残しています。志を利害の経済にのみ馳せずして、人徳をもって事に臨め、口に事功（成績）をのみ唱えずして、自然に任せることも大事である――と。

しかし、継之助はひたすらに急ぎました。

自分こそ統治能力を身につけた唯一の政治家であるとの自信のもとに。巨大な歴史の流れのなかで、己こそが正義である、その正義を貫き通すのみ、なのです。

それは、心ある人々にやるせない思いを味わわせました。たしかに彼は合理的な為政者であった。しかし人の世は、合理性だけで動くものではありません。ほとんど専制的と言える政策、人を人とも思わぬ強引この上ないやり口は、危ういものをつねに内包しています。

そして、それは明治維新という激震に直面して、藩そのものを危局に追い込んでいくのです。

「常在戦場」――藩の運命を賭けた戦いへ

河井継之助が、長岡藩家老に列せられたのは、明治元（慶応四）年四月です。その日まで、主君の外政的秘書役とも言うべき公用人として、継之助は藩公の側近にあり、京・大坂から江戸へと、維新の激浪《げきろう》を真っ向から受け続けました。一月の鳥羽《とば》・伏見《ふしみ》の戦いに始まる動乱、大地は動いています。やがて長岡藩が直面しなければならないであろう事態を彼はいやというほど知らされました。

そこで西軍の江戸進攻に伴い、江戸藩邸を整理し、主君に一歩遅れて多数の新式銃器を携え継之助が長岡へ帰ったのが、三月二八日。

このとき、長岡藩七万四〇〇〇石は恭順か佐幕かをめぐり大揺れに揺れ続け、恭順に傾きかけていました。待ちかまえていたように、藩公は継之助を家老に引き立てます。家老となって権力を掌握した継之助は、ただちに藩論統一にその辣腕を振るい始めます。それは同時に、なお根強く反発する門閥との激越な奪権闘争を意味していました。

継之助は、己の意見に従わぬ者に次々と蟄居《ちっきょ》を命じ左遷《させん》していきます。

恭順派の首魁《しゅかい》、家重代《いえじゅうだい》の家老の稲垣平助（二〇〇〇石）をも免職にしました。

酒井貞蔵、伊藤幹蔵らの恭順説をとる藩校崇徳《そうとく》館の教授たちにも、辞任を強要。

すべて主君の威光のもとに、です（徳川慶喜の大政奉還前の慶応三年七月、忠恭は病にかかり隠居して雪堂《せつどう》と号し、年若い忠訓《ただくに》があとを継いだ。が、継之助のバックアップには厳然として忠恭がついていた）。

そして、彼の政治的手腕に期待し、彼の意見に賛同し、結びつきを深める者たちをどしどし重用していきました。

四月一七日、初の城中大評定《だいひょうじょう》が開かれ、出座した忠訓に代わって、継之助が家中の面々を説きに説きました。

「今回の大事は、姦臣《かんしん》どもが天子を擁して策略をもって幕府を陥れたものである。にもかかわらず、徳川譜代の諸侯は唯々諾々《いいだくだく》として幕府に背いて薩長に通じている。言語道断、呆れはてたる態度である。われらは、小藩といえども、孤城に拠《よ》りて日本国中から独立し、存するも滅ぶもただ天に任せ、もって三〇〇年来の主恩に酬《むく》い、かつ義に生きる藩のさきがけたらんのみ」

そこにあるのは、まさしく「君君たらずとも臣臣たらざるべからず」の言葉によって表現されるサムライの誠というものでしょう。

君である慶喜はすでに大政を奉還し、徳川家は歴史の舞台から消えた。その、さっさと逃げた徳川家のために、臣としての忠を尽くそうという。それが譜代の藩の義です。天下の態勢などに関わりはない――。

四月二三日、なお恭順派の動きは激しく、真っ二つに割れた家臣は互いに仇敵《きゅうてき》視《し》して城下の情勢は急を告げました。

継之助の献策を容れ、やむをえず忠恭・忠訓の両藩公は恭順派の頭領とも言うべき幕臣・本富《ほんぶ》兄弟を呼び、その意思を明らかにしました。藩士たちが、恭順と言い、佐幕と言って争うのも、ともに主君のためを思ってのことであろう、その理になんの優劣もない。しかし、と前置きして、

「幕府のために頽勢《たいせい》を挽回せんと欲す。願わくはわれを助けて志を成さしめよ」

と、忠訓は言いました。

聖断は下ったのです。

本富兄弟をはじめ恭順派には、これ以上もはや抗すべき言葉もありません。継之助を中心とする今の藩政府は全員、継之助の意思のもとに固められています。藩主がこれに賛同した以上は、百万の苦諫《くかん》もすべて徒労でしょう。

ついに継之助は勝ったのです。両藩公の信任を得て、藩政を意のまま左右できる地位に就きました。閏四月はじめ、継之助は上席家老（首相）となり、そして二八日、軍事総督（参謀総長）をも兼務した。門閥は彼の足下に踏みにじられたのです。彼の戦いは終わりました。あとに長岡藩そのものの戦いが迫っています。

長岡藩の、藩の精神の第一条は「常在戦場」です。つまり戦場において、藩の運命を賭《と》すのみです。

藩の兵制改革が、急いで進められます。一四歳から六五歳までの藩士を動員。刀や槍を捨て銃砲を採り入れるという変換も、古武術に愛着を持つ多くの反対を無視して実行されました。銃隊は二大隊に編成。一大隊は八小隊。一小隊は隊長・小令（副隊長）・半令（班長）各一名、銃手三三名の計三六名から成ります。したがって、一大隊は大隊本部員を加えて約三〇〇名。すべて銃を持ちます。銃はすべてオランダ製の前装式ミニエー銃で統一されました。西軍の銃器が、各藩兵ともまちまちであったのに比べると、格段と近代化されていました。そして、当時日本に三門しかなかったと言われる、三六〇発元込め六つ穴のガトリング速射砲を、実に二門購入し（一門五〇〇〇両）ここに軍備は成ったのです。

長岡藩は一丸となって、こうして近代火器で武装した闘争集団と化し、「益々兵を閲《け》みし、演武ほとんど虚日なし」と書き残されているように、藩論統一以来休みなく戦闘訓練に明け暮れました。

そこから、この軍事力をもってすれば、西軍のそれに対抗しうるという錯覚が果たして生まれなかったのか。大藩並みの火力と、見事なまでの兵団運動、これは無言の圧力となるでしょう。

この間に西軍は国境線にまで迫ってきました。長岡藩は沈黙を続け、ギリギリのところまできて、この無言の威圧を盾に、継之助は立ったのです。

そして、小千谷会談を申し込みます。

会談に臨む継之助個人の支えとなっているのは、成敗を問わず、一途に過去四十余年を生き貫いてきた思想的な美意識であり、断じて行けば道がひらけるという並々ならぬ闘志と自信であったのでしょう。

小千谷に向かう駕籠のなかで、己が築き上げた長岡軍団の姿を、継之助は会心の笑みをもって想起していたことと思います。

兵と火力を集団で使う。そこに継之助の独創がありました。藩の士気を奮い立たせ、これを一つにまとめ上げるため、彼は必戦の覚悟を説き、佐幕を唱え、サムライの義と意地を強調し続けました。

そして意に反するものを主君の威光と強引なまでの政治力で退けてきたのは、何のためであったのか――。

昔からこう言われています、「十年兵を養うは、一日これを用いんがため」なのです。いざ、戦わんかな、であります。

サムライとしての「義」

彼の理想とする「富国強兵」と「常在戦場」の長岡藩は、今、彼の背後にあってたしかに彼を支えていました。

しかし、その巨大な自信は、あらゆる不可能を可能にしてみせるという過信につながっていなかったでしょうか。

主君の威光と己の力とを混信していなかったか。歴史の流れに対する冷静な認識が、己の正義を中心にしているがために、低次元にとどまってはいなかったか。己の正義は決して歴史の正義にはなり得ないことに、目をつぶってはいなかったたか。

河井継之助は、単純な佐幕論者ではありません。

彼は夢想とも言える大きな野望を抱いていました。長岡藩を横暴きわまる西軍に降伏させてなるものか、それに、徳川家のために立った会津や米沢を裏切るような卑劣な行為はとりたくはない。

ならばどうするか。その鍛え上げた軍事力によって、西軍と会津の間に立ち、破局的な衝突を避けしむることだ。そのことで、長岡藩の名は天下に轟く。そして牧野の名は上がる。もし、それがならぬときは……。

継之助は己の思想的美意識に酔ったとしか思えません。反対派の若い闘将を説得するとき、彼は揚言しました。

「かくの如《ごと》くしてなおわが言うところに従わざる者あらば、西軍・会津の別なく、われはまずわが言を聴かざる者を討つとせん。これ名を正《ただ》しうして事を順に、以て天下に呼号するに足る」

聞いていた若き闘将は思わず叫びました。

「それは恐らくは一片の空想にすぎざるべし」

これはこの若き闘将の言のほうが正しい。たしかに現実からあまりに飛躍しすぎています。だが、継之助はその夢想に賭しました。そして「存するも滅ぶもまた天に任せ」談判に出で立ったのです。

いや、もしそうであるのなら、一藩の存亡の責任を負う者の背任行為であり、彼自身は一個の凶器のような、危険な政治家としか言いようがありません。

しかも、当時、北魚沼《うおぬま》や小千谷地方には、重税に発した強訴《ごうそ》事件が頻発し、小藩割拠の封建制のもとでは、どうにもならないところまできていました。これを憂えた村役人のなかからは、尊皇に心を寄せる者が出始めていたのです。

醒《さ》めた合理主義者の継之助がそれを知らぬはずはなかったでしょう。にもかかわらず、彼は己の飛躍した思想のうちに生きてしまった。西軍が企画する革命戦争のもとには、恭順でも主戦でもない第三の道があろうはずはありません。その幻を追い求めて小千谷へ。

結果的には、彼は自らと藩全体の自殺の道を急ぎつつあったのです。

談判に敗れた帰路の継之助の心中には、どこか空しいがフッ切れたような明るさがあったと思われます。

こうなれば、わが言うところに従わざる者を討つのみである。それはそのまま徳川家に対する義の道につながっています。彼のつくった近代的装備と軍隊編成で、彼の心のうちのサムライの「義」を名分にして、長岡藩を戦火に投ずるんですね。

「この維新は真の維新にあらず、第二の幕府たらんとしている薩長を、義の鉄槌《てっつい》をもって反省させてやろう。勝敗は問うべきときではない」

と継之助は考えたことでしょう。

行きとは異なり、継之助の駕籠は急ぎ足で、五辺から石津、そして浦への道を行ったに違いありません。

三カ月半の善戦空しく……

三カ月半に及ぶ無用の戦闘が開始されました。西軍二万対長岡軍を主力とした会津・米沢・仙台など東軍約五〇〇〇。この年、大雨が降り続き一〇〇年来と言われる洪水に悩まされたと言います。

戦端がひらかれてからの、大雨をついての長岡藩の奮戦は、よく知られています。根こそぎの動員で参加した者約一五〇〇名、城下の人々のほとんど半数近くです。銃を持ち、第一線に投入された者一〇〇〇名余。

そして戦死二五四人、戦傷二八九人で、第一線の半分が戦死傷という壮烈さです。ほかに会津藩、米沢藩などの援兵を含めると、長岡城攻防戦で戦死した東軍の将兵約一一八〇人。対して西軍も一〇四八人の戦死者を出しています。

焼失家屋数は、隣接の郷村まで含めると三八〇〇軒余。長岡城下の八六・六％が灰燼《かいじん》に帰すという激越な戦闘です。

野戦あり、山岳戦あり、夜襲戦あり、敵前渡河戦ありで、戊辰戦争でも最大な規模を持つ戦いとなりました。長岡軍は朝日山・榎《えのき》峠方面において西軍を大いに打ち破りましたが、西軍も反撃に出て、城の守備の手薄なのを知り、降伏した与《よ》板《いた》藩に船の準備をさせ、信濃川を一気に渡河すると、背後から猛攻しました。

五月一九日、長岡城落城。

敗れて退いた継之助は、城の西の悠久《ゆうきゅう》山《ざん》陣地で気丈な老婆に頭ごなしにやっつけられています。

「お前さんは、先にわが軍の完勝を約束したではないか。ところが、この敗け戦《ま》の哀れな有様は何としたことか」

残されている継之助の返事が面白いんですね。ただひと言、

「いやはや」

長岡弁で閉口頓首《へいこうとんしゅ》という意味です。万事に強気の彼も、敗軍の将となれば、ほかに言いようもなかったのでしょう。

しかし、長岡藩兵の士気は衰えていませんでした。小ぜり合いを続けた二カ月後の七月二五日、八丁沖《はっちょうおき》から奇襲して長岡城を奪回します。小藩とは到底思えないような強烈な軍事力ではありました。総勢七〇〇人の兵が、弾薬一〇〇発と切餅一五個を持ち、大雨のため胸まで浸かる泥沼を、青竹を横にして支えとしてまるで泳ぐように前進していったと言います。

不意を衝かれた西軍は、第1章でもふれたように、西園寺公望《さいおんじきんもち》は裸足《はだし》で逃げ、寝巻姿の山県有朋は田嶋健八郎の長刀《なぎなた》の一撃を辛うじて避け、蒼白となって逃げ延びていくという惨敗ぶりでした。

しかし、長岡軍も、総大将継之助が市街戦で左脚に二発の弾丸を受け、戸板で急ごしらえの担架に乗って指揮をする大打撃を受けました。しかも、数刻にして出血がひどく、継之助は戦場から退かざるを得なくなりました。四郎丸《しろうまる》村昌福寺《しょうふくじ》の軍病院で治療を受けつつ、山県有朋逃走の報告を受けたとき、継之助はギリギリと歯ぎしりをして言いました。

「狂介を斃《たお》さず、われ先に斃るるか」

倒れてなお已《や》まざる烈々たる闘魂。

二九日未明、総大将を欠いた長岡城は再び落城。生き残った藩兵は山路を八〇里越えして散りぢりに会津へ落ちていきました。継之助の担架も同じ峠を越えます。

八十里こしぬけ武士の越す峠

継之助は再び立って戦えぬ己の姿を自嘲しました。

そして、死期の迫ったのを知ると、彼は従僕に棺桶と骨箱をつくらせました。すべての準備を終えます。今や、彼は醒めた目で最後まで自分の一生を見続け、そしてすることがなくなって意識を失いました。

八月一六日夜、会津領塩沢村で死す。享年四二。

継之助が「残したもの」

長岡戦争後、会津でまた戦い、そこでもまた敗れ、奥羽地方をさまよって降伏した長岡藩士が、許されて故国に戻ったとき、すでに焼野原の長岡は七尺ほどの雪の底に埋まっていたと言います。焼け残った柳に力なく、稀に見る豪雪に、ポキポキと雪折れしているのが惨めでした。

継之助の家族（父母と妻すがの三人。子はない）も許されて長岡に戻りましたが、長岡の人々の家族を見る目は、氷雪よりも冷たかった。敗北の雪国はより深閑としていましたが、白い雪の下には何か目に見えぬ炎が冷たく燃えていたことでしょう。

これまでにも書きましたが、私の祖母が、幼いわが心に吹き込むように繰り返し言っていた言葉を今、あらためて思い出します。

「明治新政府は泥棒じゃ。無理やり喧嘩をしかけおって、七万四〇〇〇石を二万四〇〇〇石に減らして長岡藩を再興させた。恩典などと言うが、五万石を強奪していったんだ」

賊軍となった長岡が生き返るために、敗者の条件下に、三島億二郎を中心にして明治の長岡人がなめた辛酸のほうが、戦火の悲劇よりもはるかに長く、つらく感じられます。一人の「奇型の英雄児」が歴史にもたらしたものを考えるとき、評価は難しく、残された問題はつねに重くのしかかります。

〈付記〉『長岡郷土史』に寄稿されている諸論文に啓発されたところが多い。執筆の、郷土の諸先輩に御礼申し上げる。

第5章

なぜ龍馬はみなに愛され、そして殺されたのか？

「独創性のない」偉大なコーディネーターの素顔に迫る

（出所：国立国会図書館）

坂本龍馬《さかもとりょうま》〔天保六（一八三五）年〜慶応三（一八六七）年〕

土佐藩郷士《ごうし》出身。江戸に出て北辰《ほくしん》一刀流千葉定吉《さだきち》に師事。剣士として知られる。土佐勤王党《きんのうとう》に参加するが、脱藩して勝海舟の門下生となり、神戸海軍操練所建設に尽力。勝とのつながりから薩摩藩の援助を受けて、慶応元（一八六五）年、長崎で貿易会社亀山社中（のちの海援隊）を設立、薩摩藩の名義で長州藩の武器購入を仲介した。その後も薩長同盟締結に尽力し、西郷隆盛と桂小五郎（木戸孝允《たかよし》）の盟約に立ち会った。

後藤象二郎《しょうじろう》と船中で、独自の国家構想である「船中八策《せんちゅうはっさく》」をまとめた。同年、中岡慎太郎とともに京都の旅宿近江屋で暗殺された。

龍馬を脱藩へと向かわせたものとは

幕末と言うと、江戸城開城をもって終わり、それからあとは「御一新」、明治の新しい時代が始まったと一般には思われがちです。

しかし、それは勝った官軍側の史観であって、私はそれに与《くみ》しません。

幕末は西南戦争が終結する明治一〇（一八七七）年まで続き、その後、日本は近代国家たらんと国づくりがあらためて始まったと考えています。そう判断したほうが正確だし、わかりやすいのです。

その幕末史のなかで、坂本龍馬という男は、幕末前期に土佐より出て、日本を駆け巡り、日本の構造を根本から変革するために大いに働きました。

ペリーが来航したのは嘉永《かえい》六（一八五三）年。当時、各藩はいわばそれぞれが独立国で、完全な地方分権ですね。

この時代の土佐藩で龍馬は少年期を過ごします。土佐藩では、関ヶ原の戦いで徳川方についた、山内一豊《やまうちかずとよ》が移封《いほう》されて高知城主になってからの「上士《じょうし》」と、関ヶ原以前の長宗我部《ちょうそかべ》家の旧臣が取り立てた「郷士」との間での格差が厳しく、身分で生活が縛られていました。

郷士の龍馬はこの差別に疑問を感じ、立腹します。なんとかしなくてはならぬと思います。そこで藩政改革という形で同じ郷士の武市半平太《たけちはんぺいた》の土佐勤王党[*1]に加わり、尊皇攘夷《そんのうじょうい》の政治活動を始めます。

因循姑息《いんじゅんこそく》な土佐藩上層部は、この反対勢力を弾圧します。対抗して土佐勤王党も過激化し、幕藩体制そのものに限界を感じた龍馬は、脱藩を決意するのです。

ひと口に脱藩と言いますが、これは大変なことです。脱藩は藩にとっては犯罪行為ですから、国元に残った一族郎党を危機にさらします。龍馬脱藩後、坂本家は相当に苦労しました。姉の一人は、弟の罪を背負って自決したほどです。

＊1　土佐勤王党　土佐藩の下士（郷士、足軽など）、庄屋（村役人）階層を基盤に結成され

た尊攘派の同盟。江戸遊学中の郷士武市半平太らが、水戸・薩摩・長州の尊攘志士たちと京都結集を約束し、帰郷して一九〇名余の血盟者、一一〇名余の支持者を得た。

たった五年で国を揺さぶる男に

龍馬の脱藩は文久二（一八六二）年、これから亡くなるまで、わずかに五年余です。この短期間に超人的な行動力を見せ、幕藩体制の屋台骨を揺さぶりました。

龍馬が世に出るのは勝海舟の門人になってから。開国派幕臣の勝の影響下、立場を超えた各藩要人との人間関係が急速に広がるのです。

司馬遼太郎さんは龍馬を「人たらし」と書きましたが、たしかに人間的魅力と度量の大きさがありました。同時代の龍馬評もすこぶるよく、貶《けな》す人はほとんどありません。これは権謀術数が渦巻く時代にあって、稀有《けう》なことです。

龍馬は学問の素養はありませんでしたが、理解力と咀嚼《そしゃく》力が人並み以上に優れていた。勝海舟が世界の情勢を説き、海軍の振興、貿易の必要、人材登用を力説すると、たちまち海運商社の亀山社中[*1]を興し、血肉とします。

文久二年という年は、尊皇攘夷運動の波が高まり、京都では暴力や殺人の嵐が吹き荒れていました。さすがの幕府も土台の根腐れが露見し、権力にも翳《かげ》りが兆してきます。

その幕府に対して、まず楯突いたのが長州藩です。長州は朝廷を立てて幕府に対抗します。長州同様、朝廷を梃子《てこ》に幕府に反旗を翻《ひるがえ》したのが薩摩藩です。ただ当時、長州と薩摩は不仲でした。

そんな時勢に活躍したのが脱藩浪人・坂本龍馬です。龍馬の大きな業績は二つあります。慶応二（一八六六）年の「薩長同盟」と翌慶応三年の「大政奉還」です。

実はどちらも龍馬独自の考えではありません。薩長同盟を率先提唱したのは同じ土佐の志士・中岡慎太郎、大政奉還は幕臣・勝海舟と大久保一翁《いちおう》のそもそもの発案です。龍馬の才は独創より斡旋《あっせん》、交渉、説得に発揮されたのです。

なかでも、藩の面子《めんつ》にこだわる長州・桂小五郎（木戸孝允）と薩摩・西郷隆盛を怒鳴りつけ、同盟を締結できたのは、人たらしの面目躍如です。

龍馬は考え方が自由で発想も豊か、そしてイデオロギーにとらわれません。さらに非戦論者で内乱を望みませんでした。龍馬が土佐藩の後藤象二郎を通じて幕府に大政奉還を促したのも、国内戦争を避けるためです。ここが武闘倒幕を企図する薩摩とは相容《あいい》れません。

私は龍馬暗殺の黒幕に大久保利通《としみち》がいて、潜伏情報を得て京都見廻組《みまわりぐみ》の頭取・佐々木只三郎《ただざぶろう》に知らせたと推理しています。

龍馬は幕末の慶応三年、京都の近江屋で、中岡慎太郎とともに、佐幕の京都見廻組の手により斃《たお》れます。

司馬さんは「天が、この国の歴史の混乱を収拾するためにこの若者を地上にくだし、……」と書いています。そして、用がすんだから天に召した、と。

しかし、彼の死後まだ混乱は続きました。龍馬は明治期、一時忘れ去られますが、私は龍馬の魂魄《こんぱく》が司馬さんに傑作『竜馬がゆく』を書かせたように感じています。

＊1　亀山社中　幕末、土佐藩を脱藩した坂本龍馬らが長崎で設立。おもに薩長両藩のために物産の輸送、洋式武器や艦船の輸入を斡旋し、倒幕派を援助。龍馬が隊長となってから、「海援隊」と改称。龍馬が暗殺されたのちはふるわず、解散した。

日本人の深層心理に流れる「攘夷の精神」

これまでも何度もふれてきたように、黒船という武力に屈した形で幕府が開港を受け入れてしまったことをきっかけに、日本には尊皇攘夷の大合唱がわき起こりました。

それが、明治維新への思想的エネルギーとなりました。

明治政府が成立すると、日本は近代化の道を邁進し、尊皇攘夷は、過去の言葉となったように見えます。しかし、それは日本人のなかから消え去ったわけではなく、実は、地下水脈のように流れ続け、ことあるごとに形を変えて噴き出してくると私は考えています。

二・二六事件は、尊皇精神の噴き出しの最たるものですし、大和魂という精神論で欧米と戦ってしまった太平洋戦争そのものが攘夷の精神の暴発であったと見ることもできます。

日米経済交渉などを見ても、どうも日本という国は、外圧に対する反応として、攘夷の精神が噴き出してしまうと思えるのです。

これは、国際社会のなかで日本が生きていく上で、まことに厄介な問題です。現代のわれわれも解消できずにいるこの攘夷の精神を、幕末にありながら完全に脱ぎ捨てていた人の一人が、坂本龍馬ではないかと私は思うのです。

もちろん、龍馬も当時の青年志士同様に、攘夷いっぺんとうから出発しています。こととしだいによっては、斬り捨てる覚悟で勝海舟を訪ね、かえって勝の開明的思想に目を見開かされ門弟になったと言われていますが、そうスッパリと自分の考えを転換できたわけではありません。

その後、長州藩は攘夷の実践として下関戦争を起こしていますが、このときの龍馬は乙女《おとめ》姉さんにあてた手紙に、ひと戦して夷《い》敵を追い払わん、といったことを書いています。

しかし、龍馬は勝が神戸に開いた海軍塾の塾頭になり、そこから大きく変貌していきます。薩長連合を実現したのが三二歳、大政奉還の報を聞いた三三歳でその生涯を閉じています。

あらためて龍馬の歴史上の活躍期間が非常に短いことに驚きますが、わずか数年の間に、恐るべきスピードで自己改革をなし遂げたのが龍馬なのです。

実際に龍馬が書いたものではないという説もありますが、龍馬の精神を物語る「英将秘訣」というものがあります。その一部を見てみましょう。

一、俸禄《ほうろく》などいうは、鳥に与うる餌《えさ》の如きもの也。天道あに無禄《むろく》の人を生ぜん。予が心に叶わねば、やぶれたるわらじをすつる如くせよ。

一、義理などは夢にも思うことなかれ。身を縛らるるもの也《なり》。

一、恥という事を打ち捨てて、世の事は成るべし。

一、なるだけ命は惜しむべし。二度と取りかえしのならぬもの也。拙《つたな》きということを露《つゆ》ばかりも思うなかれ。

一、礼儀などいうは、人を縛るの器也。

ここで龍馬は、日本人の美意識とも言える義理も恥も礼儀も、大きなことを成すには邪魔ものだと言い切っています。

もちろん、義理とは封建制度に縛られること、恥は、思想的転向を恥じるなと言い換えるべきでしょうが、これほどの割り切りようは、日本人離れをしていると言わざるを得ません。

人間そのものが〝開明的〟だった

薩長連合の実現。「船中八策[*1]」を起案し、大政奉還への道筋をつけたこと。これが、龍馬の二つの偉業と言えますが、前述のように両方ともアイデア自体は龍馬のものではありません。

意地悪な言い方をすれば、龍馬は、他人の褌《ふんどし》で相撲をとった。

龍馬は政策マンではなく、大事業を実行する際のコーディネーターだったと言えるでしょう。

人と人を結びつけ、プロジェクトを完成させるという点では天才的な力を持っていました。しかも、それを実現するために走り回ることをまったく苦にしない稀有な能力を持っていました。

龍馬は中岡慎太郎と土方久元《ひじかたひさもと》*2から薩長同盟の策を聞き、それは名案、さっそく薩摩を説こうと動きました。中岡らと違い、龍馬には、西郷と交流があったのです。

当時長州は、朝廷を追われ、幕府からは征長令が出て、孤立無援の窮地に立たされていました。薩摩は幕府側に回っていたわけですから、長州の薩摩に対する不信感は、ちょっとやそっとでは拭《ぬぐ》い去ることができないものでした。

この感情のこじれを修復するために、龍馬は、薩摩に話をつけ、海援隊を使って、薩摩の金で長州に軍艦と武器を供給します。

理屈を説くだけではなく、いわば〝実弾〟を用いたところが、龍馬の本領と言えるでしょう。

いよいよ両藩縁組という段になり、長州の桂が薩摩屋敷に西郷を訪ねるわけですが、待てど暮らせど、一向に西郷からその話は出てこない。当時、追い詰められていた弱い立場の長州は、薩摩と連合したくとも面子があり、自分の側からは頭を下げてまでして言い出せない。

一方薩摩の側も長州の側から言い出させることによって、自分らの立場を優位に持っていこうと考えていたのでしょう。龍馬から見れば、面子や優越感にとらわれて、大事を見失っている事態でした。

ことの成り行きを知った龍馬は、「おれが両藩のために挺身《ていしん》尽力するのは、決して両藩のためにあらざるなり、区々の痴情を脱却し、何ぞ丹心《たんしん》を吐露し、天下のために将来を協議せざるのか」と西郷と桂を叱りつけた。

この龍馬の怒りがなければ、薩長連合は成立しなかったわけですから、まさに龍馬の精神が歴史を動かしたと言えるでしょうね。

大政奉還に関して言えば、「船中八策」を起案したことにより、それを土佐藩参政、後藤象二郎に見せたことに、龍馬の非凡さがあります。

後藤象二郎は、土佐藩の中枢にいた人物ですから、土佐勤王党の盟主、武市半平太を殺した男と言ってもいい。

同志を殺した男とは、口を利きたくもないというのが普通でしょうが、龍馬には、それも小さなことでした。

それより天下のことのほうが大事です。後藤に話せば、前藩主山内容堂《やまうちようどう》に伝わり、この策が実現に向かうと踏んだのです。まさに、恥とか怨みにこだわっていてはできない発想です。

人間は感情の動物です。いくら論が立ってもそれだけで人は動きません。

龍馬の場合は、頭脳だけでなく、人間そのものが開明的だったと言うべきでしょう。

＊1　「船中八策」　慶応三（一八六七）年に坂本龍馬が起草した八カ条から成る国家構想。幕政返上、議会開設、人材登用、外交刷新、法典整備、海軍拡張、親兵設置、幣制改革を示す。

＊2　土方久元　幕末の志士、明治・大正の政治家。土佐藩郷士出身。土佐勤王党に加わり、薩長同盟の仲介役をつとめた。維新後は農商務大臣、宮内大臣などを歴任。（一八三三〜一九一八）

もし、死んでいなかったら龍馬はどうしたか？

慶喜《よしのぶ》の大政奉還の決断を知り、龍馬は、「よくも断じ給えるものかな。自分はこの将軍のために命を捨てよう」と涙を流します。

ところが、この大政奉還という機に乗じて、薩長は武力倒幕に動いていきます。新政府のメンバーに自分の名を連ねず、「世界の海援隊でもやります」と言ったほど権力に執着のなかった龍馬から見れば、すでに大政を奉還した幕府をつぶすために血を流す国内戦争など、愚の骨頂でした。

それより早く新しい国づくりにかからなければならない。

龍馬は、京都の近江屋で、武力倒幕すべしという中岡慎太郎と大激論を交わしている最中に、京都見廻組の刺客に襲われ命を落としましたが、そのときすでに、薩摩は倒幕の兵を出発させていました。

時局は、龍馬の理想を裏切る方向にヒタヒタと歩み出していたのです。

薩摩は岩倉具視《ともみ》と謀り、偽勅を発して、遮二無二《しやにむに》倒幕への流れをつくり出しています。

明治政府は、薩長が関ヶ原以来の徳川への怨みを晴らすべく打ち立てた政権であったという側面も見落とすことはできないのです。

もし、龍馬があそこで死んでいなかったらどう動いたか?

やはり、倒幕戦を止めるために動いたろうと思います。

龍馬が動いたら面倒なことになる、薩長は、とくに薩摩はそう思った。邪魔者は殺せです。龍馬を殺さねばならぬと薩摩は考えたと私は想像します。

私は龍馬暗殺の背後に、薩摩がいたとする説をとっていますが、もちろん仮説です。

薩摩も長州も龍馬には大きな借りがあるわけですから、龍馬が生きていて反対側に回っていたら、武力倒幕の大きな障害になったことは間違いありません。

龍馬を起点に「今」を問い直してみると……

国家というものは、ヨーロッパであればキリスト教、アメリカであれば民主主義といったように、精神の機軸というべきものが必要です。明治政府もそれを必死になって探し、天皇を機軸に据えた立憲君主国家を目指していきました。

しかし、それは同時に薩長による暴力革命という色彩を消すことも意味していました。明治一〇年代に沸騰した自由民権運動も、エモーショナルな部分では、薩長独裁への非難が渦巻いていました。帝国議会の設置は、その批判をかわす装置としては実は見事に機能していたのです。

もちろん、明治という時代は、教育機会も国民に与えられ、奇跡的とも言える近代化を達成し、欧米の侵略から自国の独立を守ることができました。

しかし、議会を開設する一方で、軍の統帥権《とうすいけん》というものもあみ出され、軍は議会のコントロール外に置かれていきました。やがて、この独立した統帥権は、独り歩きを始めて、太平洋戦争という破局に向かったのです。

龍馬が夢に描いた新国家と現実の歴史は、似て非なるものと言わざるを得ないでしょう。そして今、われわれはいかなる国をつくりたいのか。

龍馬が非業《ひごう》の死を遂げたところを起点に、もう一度歴史を問い直すことは、今の日本に噴き出している問題を考える上で欠かすことができません。

同時代一〇人の証言から見えてくる「人間像」

このように不思議な魅力を持った龍馬について、出会った人物たちは何を感じたのか――残された証言から興味深い真実が見えてきます。

1　松平春嶽――もっとも早く、龍馬の凄《すご》みを見抜いた

両士勝に面会し議論を起して勝を斬殺するの目的也と聞く。両士勝の座敷へ通ると勝は大声を発して、我を殺すために来るか。殺すならば議論の後になすべしという。

明治一九年一二月一一日　土方久元あて書簡

龍馬が勝海舟に会いに行って、世界に目が開かれるのは有名な話ですが、勝あての紹介状を書いたのが松平春嶽《しゅんがく》でした。

文久二（一八六二）年の当時、龍馬は脱藩浪士です。脱藩浪士が雄藩（越前福井藩）の藩主に会うなどということは通常ならばあり得ません。よほど立派な人の添状があったのでしょう。

そのときの思い出を、春嶽本人が明治一九（一八八六）年一二月一一日に書いています。

春嶽が坂本龍馬と岡本健三郎という二人の土佐藩藩士の話を聞くと、「感佩《かんぱい》に堪《た》えず」。彼らは春嶽を感服させるほどの論理と説得力と攘夷思想を持っていた

ことがわかります。

勝海舟と横井小楠《しょうなん》*1の持論は「暴論」であり、「政事を妨げている」と憤慨し、「勝に面会し」「斬殺するの目的」と知っても春嶽は、「よかろう」と添状を与えているのですから、非常に面白いところですね。

殺気立ってやってきた龍馬たちは「殺すならば議論のあとにやってくれ」という勝の大声に呑まれたのでしょう。結局、すっかり勝に心服してしまいます。いっぺん考え方を変えたら今度は龍馬、勝の護衛のために勝の自宅の夜回りまで始めてしまいました。

これを春嶽が「まことに坂本龍馬という男の懇切にして厚い志は見事なものだ」というふうに褒《ほ》めているのです。

まだ何者でもなかった龍馬という若者を、当時いちばん開明的だった人物が、非常に認めていたことがわかります。

*1 横井小楠 幕末の儒学者・開国論者。熊本藩士。越前福井藩主松平慶永《よしなが》（春嶽）に招かれて政治顧問となり、藩政改革を指導。春嶽が幕府の政事総裁職に就くと公武

合体運動に活躍。のちに明治政府の参与などになるが、開明的ゆえに保守派に暗殺された。（一八〇九〜六九）

2 勝海舟――本気で龍馬をかばった師匠

初めて西郷に会す。其人物茫漠として摸捉《もそく》すべきなし。之を大きく叩けば大なる答を見、之を小さく叩けば小なる答を見る、と。

勝海舟『追賛一話《ついさんいちわ》』

龍馬が殺しに来たという話は、勝のホラじゃないかと言う人もいますが、春嶽の明治一九（一八八六）年の手紙に明らかなように、信用するに足る話です。

さて、勝海舟の龍馬評として誰もが引用するのが『氷川清話《せいわ》』です。龍馬が勝の添状を持って西郷さんに会いに行き、帰ってきて言うには「なるほど西郷というやつは、わからぬやつだ。少しくたたけば少しく響き、大きくたたけば大きく響く。もしバカなら大きなバカで、利口なら大きな利口だろう」と。すると勝は、「坂本もなかなか鑑識《かんしき》のあるやつだ」と感心したという。

みんなが引用していて癪《しゃく》にさわるので、同じことを語っている勝の随想『追賛一話』から引きました。こちらは、ちょっと違うんですね。「初めて西郷に会す。其人物茫漠として摸捉すべきなし」と龍馬が言ったと。要するにとらえどころがないということです。さらに「之を大きく叩けば大なる答を見、之を小さく叩けば小なる答を見る」と言った。

これを聞いた勝は、「余深く此言に感じ実に知言と為せり」、人を知るもっともいい言葉だ、と思った。「凡そ人を見るの標準は自家の識慮に在り」。人を批評することは、批評する人の識見と人間性がそのまま出てくる、と言うのです。

つまり人を批評することは、自分を語ることだという意味ですね。勝は、坂本龍馬のこともまた、西郷と同じぐらいでっかいと思っていたのでしょう。勝が龍馬を褒めた言葉としてはこっちのほうがいいように思います。

もう一つ、勝さんという人は非常に坂本龍馬を買っていましたから、土佐藩にとりなして、なんとか龍馬の脱藩罪を赦《ゆる》してほしいと、盛んに言うわけですね。山内容堂公に、直談判さえしています。容堂公は「わかった、わかった」と言って、脱藩の罪一等を赦すことになるのですが、どうもスッキリ無罪放免とはいかなかったのでは、と疑わしいところもあります。

さて、勝が龍馬を弁護して、土佐藩の目付衆にあてた手紙があります。文久三（一八六三）年一二月六日の手紙です。

過激派のやつらが、どんどん暴挙を行なっている。壮士――勤皇の志士のなかにも、その仲間に入っている連中が少なからずいるけれども、自分のところの塾にいるおたくの国の人間（これは坂本龍馬のことです）は右の連中とは全然関係ない。あえてご懸念には及ばない。私のほうも一所懸命説得して話をきちんとやっているから大丈夫。どうぞなんとか取りなしていただきたい。と、まあ、そういう内容の手紙です。

勝という人は、龍馬をかばって一所懸命、土佐藩に対して働きかけました。龍馬が本当にかわいかったのだと思いますね。龍馬のほうも勝を守るために、用心棒として京都に岡田以蔵《いぞう》を差し向けた、なんていう話もあります。こちらはいくら探しても証拠が出てこないのですが……。講談本では必ずそういうことになっています。

龍馬の陰の庇護者として、勝の存在というのは大きかったと思います。勝の後ろ盾のもと、西郷さんにも会いに行くことができたし、島津斉彬《なりあきら》公にも会うことになり、龍馬の活躍の場がぐんぐん広がっていったのです。

3　大久保一翁――ぞっこん惚れた、もう一人の幕府御大《おんたい》

此度坂下《ママ》龍馬に内々逢候処、同人は真の大丈夫と存、素懐も相話……

文久三年四月二日　一翁より春嶽あて書簡

もう一人、幕府方には大久保一翁《いちおう》（忠寛《ただひろ》）という人物がいます。勝海舟と組んで江戸城無血開城の立役者になりました。ちょうど終戦時の鈴木貫太郎《かんたろう》が勝海舟で、東郷茂徳《しげのり》が大久保一翁の役どころ、と私は申しております。

いずれ大政奉還になるということを、坂本龍馬は勝と大久保一翁から学びました。その証拠があるはずだと思って探しますと、一翁から横井小楠にあてた文久三（一八六三）年四月六日の手紙と、一翁から松平春嶽にあてた文久三年四月二

日の手紙があるわけです。

横井小楠あては、長い手紙です。土佐出身の有志五人が大久保の江戸の邸に来たので、いろいろと自分の考えを披瀝《ひれき》した。ところが五人来たなかの、坂本龍馬と沢村惣之丞《そうのじょう》の二人だけが、あるべき政策、日本の行くべき道を理解している人間と見受けられた、と言うわけです。「江戸人より遙に勝候」と江戸人よりもはるかに優れている、と絶賛です。

もう一つも長い春嶽あての手紙。同じときに書いていますから、龍馬はつまり、この頃に来たことがわかります。

「此度坂下（本）龍馬に内々逢候処、同人は真の大丈夫と存、素懐も相話」——お互いに思っていることも全部話してこの男を信用した。したがって、あなたにあてたこの手紙も龍馬に託したから、どうぞ受け取ってくれ、というわけです。

大久保が自分の外交論や大政奉還論をぶったら、聞いた龍馬が、「それは名案だ」と手を打たんばかりに喜んだともある。

龍馬という人の弁舌、自分の意見をきちんと語れる力というものは、とても重要な資質と言っていいでしょうね。リーダーたる人は、自分が何をやろうとしているのか、自分が何を目指しているのか、どういう意味を持ってこの仕事をやろうとしているのかということを、ちゃんと説明できなくてはダメです。

また龍馬は、人の意見をよく聞くことのできる人物でもあったから、自分のほうが間違っているとわかれば、たちまち鞍替えしてしまうところは、節操がないということではなく、非常に優れたところだと言っていいと思います。

勝と大久保に出会って「龍馬」は完全にでき上がっていったのです。

4 木戸孝允――薩長同盟では龍馬に頼り切りだった

前に約する所の六条前途重大の事件にして、余の謬聞有らんことを恐れ、一書を認《したた》め良馬《ママ》に正す。良馬《ママ》其紙背に六条の違誤なきを誓て之を返す。

『坂本龍馬関係文書第二』『木戸孝允文書巻二十』

人によっては木戸孝允（桂小五郎）と龍馬の関係を、江戸の道場で打ち合った仲で親友だった、と言うむきもありますが、これは完全なつくり話です。

坂本龍馬という人は、生涯に二回しか怒ったことがないとされています。

一つは、いろは丸の海難事件のときに紀州藩に対して怒った。[*1] それから、薩長同盟のとき、薩摩藩屋敷で木戸孝允の話を聞いたあと、「いったい何を考えているのか」と木戸と西郷を怒鳴った、と。どうやらその説は正しいようです。

薩長同盟のあと、木戸は「覚書」というものを書きました。薩摩藩屋敷で薩長同盟を結んだときの一部始終の覚書です。

同盟が終わった翌夜、「京都を発し浪華に下り留る数日」大坂でとどまった。「而て前に約する所の六条」つまり薩長同盟の六条、「前途重大の事件にして、余の謬聞有らんことを恐れ、一書を認め良（龍）馬に正す」、聞き間違いがあってはならないから龍馬に確認した。すると「内容に誤りはない、俺が保証する」と、龍馬が朱で裏書きをして「龍」と署名した、と。

木戸が薩長同盟で龍馬から大いに助けられたことは、たしかなことでした。木戸と龍馬が講談で言われるようなツーカーの関係でなかったのですから、龍馬の薩長同盟における働きというのは、かなり思い切った、大胆な仕事だったということがわかります。

＊1　いろは丸の海難事件　龍馬率いる海援隊が乗り組んでいた蒸気船「いろは丸」と紀州藩の軍艦が衝突し、いろは丸が沈没した事件。

5　三吉慎蔵──温和で肝っ玉の大きいことを知っていた

過激ナルコト八毫《ごう》モ無シ。且ツ声高ニ事ヲ論ズル様ノコトモナク至極オトナシキ人ナリ。容貌ヲ一見スレバ豪気ニ見受ケラルヽモ、万事温和ニ事ヲ処スル人ナリ。但シ胆力ハ極メテ大ナリ

三吉慎蔵談話

薩長同盟が終わったあと、例の寺田屋騒動が起きるわけですが、そのとき一緒に闘ったのが三吉慎蔵《みよししんぞう》＊1でした。龍馬の信頼を受けて、「いろは丸事件」のときには「万が一のことがあったらお龍《りょう》を頼む」と、遺書のような手紙を龍馬から送られた人です。その三吉が貴重な証言を残しています。

龍馬は声高に論ずるようなことはなく、至極おとなしい人である、と。しか

も、容貌は一見、豪気に見えるが、実際は温和にことを進める人であった。ガンガン怒鳴って主張するような人ではなく、諄々《じゅんじゅん》と説くような人だったのです。「胆力ハ極メテ大ナリ」というのは、寺田屋の経験で三吉が思ったことだと思います。寺田屋騒動を、談話のなかから肝心なところだけ拾ってみます。劣勢となって、こうなったら斬り死にしようじゃないかと三吉が言うと、龍馬はそれを止めるのです。「そんな必要はない、逃げてこの場を切り抜けよう」と。龍馬は非常に落ち着いているのですね。乱闘となり危急存亡となっても、興奮したりパニックになったりはしない。胆が大なのです。

結局裏口から逃げ出し、隣家に「失礼」などと挨拶して通り抜けて、ついに追っ手から逃れることに成功しています。

＊1　三吉慎蔵　幕末の長門長府《ちょうふ》藩士。寺田屋騒動では、慎蔵は槍を振るって応戦し、包囲された寺田屋から奇跡的に脱出。傷を負った龍馬を材木小屋に隠すと単身薩摩藩邸に走り、救援を要請して龍馬の命を助けた。維新後は豊浦《とよら》藩（旧長府藩）権大参事をつとめた。（一八三一〜一九〇一）

6 由利公正――内戦はしたくない、との言葉を聞いた

私は「戦争の用意をしたか」と云うと彼戦争はせぬ積りだと云。私、慶喜公は戦争する御積りはなかろうが之を承知せぬものが沢山あるから、戦う用意なしには何事も出来なかろうと云ったが、彼、「それでも用意はないのじゃ」と云う。私「然らば戦争になると遁る積りか」と云えば、彼、「それは出来ぬ」と云うのです。

由利公正談話

三岡《みつおか》八郎、のちの由利公正《ゆりきみまさ》ですが、この人は福井藩を立て直した財政家で、「五箇条の御誓文」をつくった人です。

薩長の倒幕運動が盛んになってきて、尊皇攘夷ならぬ尊皇倒幕にスローガンが変わったときのことです。由利公正が龍馬に、「もう戦争の用意はできているのか」と聞いたら、龍馬は「戦争はしないつもりだ」と答えるんですね。

なるほど慶喜公は戦争はするつもりがないかもしらんが、それで承知しない者

が幕臣どものなかにたくさんいる。だから、戦争の用意はしておかなければならないんじゃないかと言ったら、龍馬は、それでも用意はしないんだ、と。だから、龍馬は戊辰《ぼしん》戦争などを起こすつもりはなかったのではないかと思います。

由利公正がさらに「それならお前は、戦争になったときは逃げてしまうつもりか」と言ったら、龍馬は「それはできないな」と言って、あとのほうはムニャムニャになってしまうんですね。

この部分だけを取り上げても、龍馬という人は国内戦争に対しては反対の立場であったと見ていいでしょう。となると薩長にとっては、龍馬が邪魔者になってくる。行動力のある人ですから、戦争反対の方向へ動き出すと何が起こるかわからない。

この証言をもって、龍馬を殺したのは薩摩であるという私の説が、若干補強されるのではないかと思うしだいです。

あれ（桂浜の銅像）はよくできすぎちょる。ほんとは色が黒うての、背たけは大がらで五尺七寸ぐらい。あんな好男子じゃなかった。

7 田中光顕――暗殺の場面の生き証人となった

田中光顕《みつあき》はたいへんな長寿で、昭和まで生きました。土佐出身で天保一四（一八四三）年生まれですから少年時代に龍馬を知った人です。

近江屋で龍馬が斬り殺されたときにはいちばんはじめに駆けつけました。「僕の藤助は上り口の間に横ざまに倒れ、奥の間に入ると、坂本と中岡が血に染んで倒れて居る。其時坂本は眉間を二太刀深く遣られて脳漿が飛び出て、早や縡《こと》切れて居た」。龍馬はもう死んでいたと証言しています。

「中岡はまだ斬られながら、精神は確かで、刺客乱入の模様を語って曰う。突然二人の男が二階へ駈け上って来て切り掛ったので……」以下小刀を抜いて立ち向かったが云々《うんぬん》と田中光顕がしゃべっておりまして、『坂本龍馬関係文書第二』に長々と出てきます。

これによれば、斬りかかってきた暗殺者は二人だったことがわかります。龍馬は、刀を床の間に置いておいたので、これをつかみとろうとして斬られ、つかみとってさらに斬りかかってきた二の太刀を鞘《さや》で受けたのだけれど、鞘は割られ、刀身も削られました。

そのままやられて倒れてしまうわけですが、『維新の曲』という昭和一七（一九四二）年の大映映画では阪東妻三郎が龍馬を演じています。

当時私は一二歳でしたが、この映画だけは非常によく覚えています。阪妻は、鞘をガッと縦につかんでその切っ先を天井にぶつけて避けようとしました、横には持たずに。天井を突き破る場面が子供心に焼きついています。

明治時代には、維新の展覧会があると、いつも坂本龍馬の割れた刀の鞘とピストルが飾られたらしいのです。

その写真は残っていますが、実物は焼けてしまって今はありません。維新後、坂本家を継いだ甥の直寛《なおひろ》が、一家を引きつれて北海道の釧路に移住します。そのとき、龍馬の遺品を持っていったのですが、大正二（一九一三）年の釧路大火で全部焼けてしまったのだそうです。

土佐の桂浜に坂本龍馬の銅像ができたのは昭和三（一九二八）年のことです。除幕式のときに、宮内大臣をつとめ伯爵になっていた田中光顕が見に来ました。「あれ（桂浜の銅像）はよくできすぎちょる。ほんとは色が黒うての、背たけは大がらで五尺七寸ぐらい。あんな好男子じゃなかった」

銅像なんですから、「ほんとはもっと色が黒かった」も何もないもんだと思いますが。

8 佐々木高行――風貌の特徴と雰囲気を書き残した

才谷は一見婦人の様な風采であるが、度量はなかなか大きい。（中略）才谷は度量も大きいが、其の遣り口はすべて人の意表に出て、そして先方の機鋒を挫いて了うようにする。実に策略は甘《うま》いものであった。『佐佐木老侯昔日談』

土佐藩の大目付、佐々木三四郎。のちに佐々木高行《たかゆき》と名乗ります。参議兼工部卿、そして侯爵となって明治四三（一九一〇）年まで生きていました。佐々木は土佐藩で龍馬の上役にあたる人物です。

「才谷は」――龍馬のことです――「一見婦人の様な風采であるが、度量はなかなか大きい」と。

「婦人のような」と言うからには、なで肩だったのか、あるいは背が高いけれどもヒョロヒョロとしていたのか。その風貌が、いかつい感じではなかったということがわかります。

「其の遣り口はすべて人の意表に出て、そして先方の機鋒を挫いて了うようにする。実に策略は甘《うま》いものであった」と。策略（説得）がうまいと上司が言うのですから、たしかです。

脱藩した者とはいえ、なお認めざるを得ない。その「策略は甘いものであった」とわざわざ書くくらいですから、相当知恵が回ったのでしょうね。

また、佐々木は『保古飛呂比《ほごひろい》』という長大な日記を残していて、慶応三（一八六七）年八月一日に龍馬評を記しました。まだ龍馬が生きているときです。

「龍馬は初め脱走せしに、追々春嶽公より御申入にて、御免に相成候処、又々脱走致し」

いっぺん罪一等を赦されたのに、再び脱藩しました。

勝海舟のとりなしがあって容堂さんも、では勘弁してやろうということになった。

なのに「あの野郎また脱藩か」ということで、結局、佐々木の憤りはおさまらなかったのじゃないかと思いますね。

維新後明治新政府になってから、坂本家を継いだ甥の直寛が、一家を引きつれて北海道の釧路に移住したのは、私は坂本家の遺族は、もしかしたら高知には居づらかったからではないかと思ったりもするのです。

9 武市半平太——龍馬の大きさを知りつくしていた

肝胆元雄大　奇機自湧出
飛潜有誰識　偏不耻龍名

『坂本龍馬関係文書第一』

司馬さんは『竜馬がゆく』のなかで、武市半平太にこう言わせています。「たとえ悪事を働いても、それがかえって愛嬌に受けとられ、ますます人気の立つ男が、英雄というものだ。竜馬にはそういうところがある。ああいう男と喧嘩するのは、するほうが馬鹿だし、仕損さ」と。

司馬さんはたぶん武市のこの「肝胆元雄大」という詩を、自分流に翻訳したのでしょう。これは龍馬が脱藩したときの武市半平太の感想です。はじめは志を一つにしてともにやってきた仲ですから、武市が龍馬を温かく見送ったことが、よくわかる文章です。

武市は「土佐にはあだたぬ奴」とも評しています。「あだたぬ」というのは「おさまりきれない」という意味らしいですね。龍馬の人間としてのスケールの大きさを、幼なじみでもあった武市は知りつくしていたことでしょう。

10 東久世通禧――会ったその日に感服させられた公家さん

土州藩坂本龍馬面会。偉人ナリ、奇説家ナリ

慶応元年五月二五日『東久世通禧日記』

文久三（一八六三）年の夏に朝廷で起きたクーデターによって放逐され、長州に逃れた三条実美《さねとみ》以下の七卿《しちきよう》、いわゆる「七卿落ち」[*1]の一人がこの東久世通禧《ひがしくぜみちとみ》でした。

慶応三（一八六七）年一二月の王政復古で赦免されて復権し、明治新政府の要職に就き、東久世は伯爵になりました。彼が龍馬に会ったのはまだ太宰府にいたときでした。

「五月廿五日、土州藩坂本龍馬面会」――龍馬はいったい何のために会いに行ったのか、それは定かではありませんが、都落ちした公家さんに会いに、太宰府くんだりまで平気で出かけていくんですね、この男。

そのときの東久世さんの感想が「偉人ナリ、奇説家ナリ」。やっぱり褒めてい

ます。

龍馬の持論というのは、もとをただせば大久保一翁と勝海舟の受け売りです。あの二人の説は当時大勢を占めていた論調からすれば、一種の奇説でしたから、本当に受け売りだったと思うのですが、いずれにしろうまかった。説得力があったのでしょう。

公家さんにも「はぁ、たいしたものだ。こいつは凄いやつだ」と思わせて、たったひと言ですけれども、日記にその印象を書き記させた。

坂本龍馬――こんなふうに、本当にみんなに好かれ、そして感服させる男だったのです。そして幕末の動乱のときには、なくてはならない人物であったことがわかります。

＊1　「七卿落ち」　文久三（一八六三）年八月一八日、公武合体派に敗れた尊皇攘夷派の公卿、三条実美・三条西季知《すえとも》・東久世通禧・壬生《みぶ》基修《もとなが》・四条隆謌《しじょうたかうた》・錦小路頼徳《よりとみ》・沢宣《のぶ》嘉《よし》の七名が、再挙を図るため京都を脱出、長州藩に落ちのびた事件。

第6章

「薩長同盟」は〝馬関〟から始まった

桂小五郎、高杉晋作と坂本龍馬の「理屈抜きの友情」

（出所：いずれも国立国会図書館）

桂《かつら》小《こ》五郎《ごろう》（木《き》戸《ど》孝允《たかよし》）〔天保四（一八三三）年〜明治一〇（一八七七）年〕

西郷隆盛、大久保利通《としみち》とともに「明治維新三傑《さんけつ》」とされる。父は長州藩の藩医。吉田松陰に師事。のち江戸で剣術、西洋兵学を学ぶ。公武合体派に反対し、尊皇攘夷《そんのうじょうい》運動に奔走。藩の重職に就き、藩論を倒幕へと導き、薩長同盟を締結。維新後は、五箇条の御誓文草案の起草、版籍奉還の実現に尽力した。岩倉遣外使節団に副使として参加。台湾征討をめぐって大久保と対立、一時官職を辞した。西南戦争の年、京都で病死。

高杉《たかすぎ》晋作《しんさく》〔天保一〇（一八三九）年〜慶応三（一八六七）年〕

父は長州藩士。藩校明倫館《めいりんかん》に学ぶも飽きたらず、松《しょう》下《か》村《そん》塾に入門。久坂玄瑞《くさかげんずい》とともに松下村塾の双璧とされ、吉田松陰からその見識を高く評価された。その後、上海に渡航し、帰国後は尊皇攘夷運動に参加。外国船の下関砲撃に際し、「奇兵隊」を結成して外国勢と戦う。第一次長州征討ののち、藩論を倒幕に転換し、薩長同盟を締結。第二次長州征討では指揮をとり、各地で幕府軍を打ち破ったが、翌年、下関で病死。

薩長同盟への道をひらいた下関

攘夷倒幕のエネルギーは萩に胎生し、山口で躍動し、下関で爆発した――と言われています。しかし、馬関と呼ばれた下関は、政局が京都から東へ移るにしたがって、維新史からはすっかり忘れられた存在となっていきました。

今、歴史的な興味を持って下関を訪れる人々は、壇ノ浦《だんのうら》の赤間《あかま》神宮や安徳《あんとく》天皇陵や平家一門の墓に、源平合戦の世を偲《しの》ぶことがもっぱらです。維新史の名残を求めても、ここでは決して満足できないでしょう。日和山《ひよりやま》公園の高杉晋作の像と、東行庵《とうぎょうあん》跡および長州砲台跡を眺めるのがやっとでしょうか。

関門海峡を前に細く長く連なっている市街は、日本全国一様の、雑多なビルの建ちならぶ近代都市となっています。幕末に志士たちが盛んに往還した竹崎町《たけざきちょう》あたりもそうで、雑然たる商業地となり、史蹟など探すべくもありません。

その竹崎町三丁目の中国電力下関営業所前にぽつんと碑《ひ》が建って、かつてそこに豪商・白石正一郎《しらいししょういちろう》邸があったことを示しています。

この人は長州藩の御用商人で、廻船《かいせん》問屋を経営していたため、各地の情報がその邸に集まっていました。しかも勤皇の志が厚く、安政四（一八五七）年から明治一一（一八七八）年にかけて、白石が書き遺した日記には、この邸を訪れた有名無名の各藩の志士の名が四〇〇人近く記されています。

今はまったく面影がありませんが、当時の白石の屋敷は広い海に面していました。出入りするものは、もっぱら船によりました。船着場があり、浜の門と呼ばれる頑丈な門が客を送迎する。今その門は市内長府町に移築され現存しているらしいですが、実見した人によると、なかなか風格のある構えであると言います。

土佐藩脱藩の浪人坂本龍馬が、この浜の門をくぐって、はじめて白石正一郎邸を訪れたのは、伝記などによれば文久二（一八六二）年四月一日のことでした。脱藩が三月二四日であるからほぼ一週間後です。『白石正一郎日記』（以下『白石日記』）には、その日に龍馬の名はまだありません。

それは当然のことなんですね。この時点では、龍馬は無名の、志士になりたての若者にすぎません。しかしそれから三年後の慶応元（一八六五）年閏《うるう》五月、龍馬はこの白石邸で、長州藩の重役・桂小五郎を相手に、薩長同盟仲介のため火を吐くような弁舌をふるうにいたるのです。時代がいかに疾風迅雷《しっぷうじんらい》、急激な変化を見せていたかがわかると思います。

薩長同盟の話にちなんで書けば、薩摩藩の中心人物となる西郷隆盛も白石邸を訪れています。それもかなり早く安政四（一八五七）年一一月一二日、『白石日記』に西郷の名が見えています。

これに対する西郷の、白石正一郎観を示す手紙も残されているのです。ここで西郷は白石を褒めちぎっています。

「正一郎は全躰温和の質にて、和学を好み、いたって清直の者ゆえ、談話も面白く、一昼夜相話し候ところ、なかなか風儀雅品にて……」

こうして、すでに白石邸の一室で薩長同盟への道がひらかれていた、と考えると、まことに歴史は面白い動きを水面下で見せてくれます。

が、すでに書いたように、白石邸の面影を偲ぶものはどこにもありません。

「一死なんぞ言うに足らん」

坂本龍馬と長州藩士たちとの深いつきあいは、この白石邸訪問のあとから始まることになりますが、これ以前にも、彼は一度萩城下を訪れる機会を持っていました。

文久二（一八六二）年一月一四日から二二日まで滞在し、名目上の剣術修業にかこつけて長州藩士と試合などもしています。実は土佐藩重役の武市《たけち》半平太《はんぺいた》の密書を、長州藩のホープ久坂玄瑞《くさかげんずい》に届けるのが、秘めた龍馬の役割でした。

このときの久坂の武市あて返書に、龍馬と腹蔵《ふくぞう》なく語り合ったことが書かれています。龍馬はこの熱血の年若い長州藩士との会談で強い衝撃を受けました。

この返書の文言にあるように、

「ついに諸侯《しょこう》たのむに足らず、公卿《くぎょう》たのむに足らず、草莽《そうもう》[*1]の志士糾合、義挙の外にはとても策これなき事」

「失敬ながら尊藩も弊藩も滅亡しても、大義なれば苦しからず」

と久坂は龍馬に対し、大義のためには土佐藩も長州藩も滅亡するようなことがあっても、草莽の志士の決起のほかに勤皇の実はない、と説きに説いたのです。

二月二九日、国へ帰った龍馬は、武市の決起を期待したにもかかわらず、彼動かずと知り、帰国して一カ月たたぬときに脱藩の挙に出ます。藩の罪人となれば、身内の坂本家の人々の苦難を考えないわけにはいかない。しかし、それを承知で龍馬は脱藩に踏み切ったんですね。

彼の言葉に言う〝土佐の芋掘り〟として、草莽に生き草莽に死ぬいさぎよさ、心意気を彼のうちに抱かせたものは何か。とりも直さず「一死なんぞ言うに足らん」という久坂玄瑞の覚悟に真に共鳴したからにほかなりません。この自覚をしっかりと持ったがゆえに、それ以後の龍馬は自由奔放に、かつ執拗に「志」を行動に移すことができたのです。

久坂は龍馬と会って二年後の元治《げんじ》元（一八六四）年七月、蛤御門《はまぐりごもん》の変で敗れて自害しました。二五歳の若さです。師の吉田松陰が、

「年こそ若いが、志は旺《さか》んで気魄《きはく》も鋭い。しかもその志気を才で運用する男であ

る」

として、優れた才智と純真な性質を深く愛しました。

この久坂玄瑞とともに、吉田松陰が激賞した男がいます。高杉晋作です。

「かれは有識の士なり。しかるに学問はやからず、またすこぶる意に任せて自らを用うるの癖あり」

と、個性が強すぎて、奔放な行動ぶりにいささか眉をひそめながら、洞察力や直観力を含めた識見を高く評価しました。そして、

「いくばくならないうちに、学業は急激に秀抜となり、議論ますます卓越、もはや敵するものはない」

と、その成長ぶりを褒めたたえました。

幕末史を通して見ると、長州藩の動きには目をみはらざるを得ません。薩摩が早く開国論を唱えたのに対して、長州は攘夷運動の先頭に立ち、直接に馬関海峡において外国船と戦闘を始めています。

しかしこの戦いで完敗すると、手のひらを返すように洋式文化の摂取に熱中す

る。無節操とも言える変わり身の早さ。それは非難すべきものではなく、小説家・杉森久英《ひさひで》氏が言うように「むしろ情勢の変化にいち早く対応できる政治能力の卓越さ」と認めたほうが正当でしょうか。

長州藩の持つそうした臨機応変さ、要領のよさの一面を、もっともよく具現しているのが、高杉晋作でした。

歴史に〝ｉｆ《イフ》〟はありませんが、龍馬がまず久坂に会わず、高杉と会って談合したら、どういうことになっていたでしょうか。

高杉は松陰の志を継ぎ、松陰の言う「狂頑」（意志の人間離れして固いこと）をもっともよく体現した男でしたが、その反面で冷静な内省力の持ち主でもあります。自分の行動と思想との一貫性をつねに念頭に置いている。そして生涯「毛利家譜第《ママ》恩顧の士」という自負を行動の根本に置き、その立場から離れることはなかったのです。

それに自ら「三千世界の鴉《からす》を殺し主と朝寝がしてみたい」という俗謡をつくったと伝えられるほど、人間味がありすぎました。

その高杉は、龍馬の萩来訪のとき上海渡航のため長崎にあり、折悪しくいなかったのです。もし萩にいたとして、龍馬と語り合ったとしたら、はたして龍馬をして脱藩を決意させるほどの、精神的影響を与えることができたかどうか。やはり疑問なしとは言えない。彼は傑物ですが、風流味がありすぎた。

まず〝志士とは死士〟とまで一途に思いさだめていた久坂玄瑞と出会ったこと、それが龍馬の目をひらかせたと考えます。それがあるいは、天の配剤というべきなのかもしれませんね。

馬関の白石邸で、龍馬と高杉が会うのはずっと先のことになるのです。

＊1　草莽　草むら、藪《やぶ》の意味から転じて、民間にいる在野の志のある人をさす。吉田松陰らが政治的決起論としての「草莽崛起《くっき》論」を唱え、各地に志士が輩出した。

不倶戴天の敵——薩摩藩

最初の訪問より三年たった慶応元（一八六五）年閏五月五日、坂本龍馬は久しぶりに立ち寄った白石正一郎邸で、土佐藩脱藩の土方久元《ひじかたひさもと》と安芸守衛（黒岩直方《くろいわなおかた》）とに出会いました。これは運命的な会合となったのです。

土方も安芸も、いわゆる「七卿落ち」と言われる、文久三（一八六三）年の武力宮廷クーデターによって京都を追われ、九州太宰府に身をひそめる三条実美《さねとみ》ら尊皇攘夷派の公卿の衛士《えじ》です。この日の記載は『白石日記』にはありませんが、同月三日から土方が白石邸に滞在していることは記されています。

この土方は、これより少し前、同じ土佐藩脱藩の中岡慎太郎と心を一つにして、国難を打破するために薩長同盟を策して暗躍をすでに続けている人物なのです。ペリーの黒船来航以来の大動乱に際し、中岡も土方も徹底的な武力倒幕論を唱えていました。

そして幕府を倒し、新しい時代を切りひらくためには、近代的な富国強兵を推進しつつある薩長両藩が、過去のひっかかりを捨て一つにならなければならない、と彼らは確信するまでになっていたのです。

歴史を少しふり返ってみます――。

龍馬が脱藩した翌年の文久三（一八六三）年八月、京都守護職の会津藩と組んで薩摩はクーデターによって京都から三条実美ら公卿七人と長州藩を追い出しました。こうして京都におけるリーダーシップを薩摩がにぎります。

翌元治元（一八六四）年六月、新撰組の池田屋襲撃[*1]によって、多数の長州藩士が惨死。これが引き金となって、失地回復のために七月に京都へ武力進出をしてきた長州藩を迎え撃って、薩摩・会津連合軍は容赦なく長州藩兵を打ち破りました。蛤御門《はまぐりごもん》の変、または禁門の変と言います。

この大事件によって、今や薩摩藩は長州藩の不倶戴天《ふぐたいてん》の敵になったのです。

さらに両藩の対立を抜きさしならないものとする事件が持ち上がりました。京都御所に発砲した責任を問うとの理由で、長州征伐の勅許《ちょっきょ》を手に入れ、幕府が諸藩に出兵を命じたのです。

長州懲罰にこのときはなはだ熱心であった薩摩藩は、ただちに出兵に応じました。そして征長軍参謀として西郷隆盛が、長州討滅作戦の中心に立つこととなりました。

この状況推移を見つめていた長州藩は、文久政変以来の薩摩への憎しみをいっそうつのらせます。「薩賊会《さつぞくかい》（会津藩）奸《かん》」が、孤立し絶体絶命の危機に追い込まれた長州藩士の合言葉となったのです。

そうした血みどろになって両藩が戦った経緯を、中岡も土方も十分に承知しています。しかし、強大な外圧という国難に直面しては、この両藩が手をつなぐよりほかに国を安泰にする方法はない。そう彼らは考えたのです。

中岡の書いた『時勢論』にあるように、「国体を立て外夷の軽蔑を絶つ」には薩長の和解こそが緊要なのでした。それ以外に良策はない。

この切実感と理論的根拠を表面に押し立てて、もう数カ月前より、中岡と土方は薩長和解そして連合に向けて精力的に活動を始めていました。

坂本龍馬はこの間どうしていたのでしょうか。

文久二（一八六二）年閏《うるう》八月に江戸に入って以来、勝海舟によってより大きく蒙《もう》をひらかれた龍馬は、一介の草莽の士たらんよりも、国家全体を考える開明派の志士へと大きく成長しています。江戸・大坂・兵庫・長崎をすっ飛び歩きながら、時勢の動きというもの、歴史の勢いというものを実体験として学んでいきました。

折も折、慶応元（一八六五）年春、諸藩がもはや動員されることを望まぬことを知りながら、幕府は第二次長州征伐の令を布告します。このとき、薩摩藩は反対の急先鋒に立った。西郷はすでに幕府の真意や政策に疑いの目を向けていたんですね。

幕府にとって好ましからざる薩長両藩が、幕府の命のもとに総力をあげて相戦うようなことになれば、毒をもって毒を制する効果を幕府に与えることになる。稀代の革命家の西郷がそれに気づかぬはずはなかったのです。

＊1　池田屋　京都三条の旅宿。幕末、元治元（一八六四）年六月五日、長州・土佐・肥後各藩の尊攘派志士約二〇名が、池田屋で謀議中、新撰組に襲撃され、多数の死傷者を出した。長州藩の憤激につながり、蛤御門の変（禁門の変）のきっかけとなる。

〝政略家〟の桂と〝戦略家〟の高杉

この状況を見てとった龍馬は、すばやい活動を開始します。ただちに西郷とともに鹿児島に赴きました。五月一日、鹿児島着。薩摩のリーダーたちと会談を続けます。一九日、熊本にて横井小楠《しょうなん》と謁見。二四日、太宰府にて三条実美に謁見。二七日、さらに三条ら五卿に謁見。

これが龍馬の行動日程です。龍馬がこれら要人との謁見で、何を語ったのでしょうか。彼独自の構想にもとづく薩長和解策であったと考えられます。そして閏五月五日、太宰府から海を越え、久しぶりにひょっこり馬関の白石邸に立ち寄ったのです。そこに土方と安芸という二人の顔なじみがいた。こうして龍馬にとっては予期せぬ重大な会議を持つことになったのです。

もちろん、三人の話し合いの詳細は知るべくもありません。史料にはなくても、想像は可能です。土方は、これまで中岡とともにしてきた薩長同盟のための、さまざまな努力を語ったに違いありません。

そして中岡の立てたひそかな方策を龍馬にくわしく説明しました。それは、再び鹿児島から京都にやってくるであろう西郷をその途中でなんとか説得して、この馬関に立ち寄らせ、長州の桂小五郎と無理にも会談の機会をつくり、和解の話を強引に進める、というものでした。

中岡はそのために今、鹿児島に赴いてすでに西郷を説得しているといいます。

「そして私は山口にいる桂に使いを出し、すでに手筈《てはず》をととのえたところだ」

と土方が計画を包まず語りました。と、龍馬は手を打って喜びました。

「これは面白い。至極の妙策だ。オレも五卿や横井さんとその策を話し合ってきたところだ。よし、微力ながら協力しようじゃないか」

頭の回転の速い龍馬はさっそく飛びついてきました。三人の話し合いはそのようなものであったに違いありません。

山口の寓居《ぐうきょ》にいた長州藩の桂小五郎が、急な使いによってもたらされた「薩長同盟」に関する密書を読んだのは、それより三日前の閏五月二日のことです。新たに政事堂《せいじどう》内用掛《がかり》の要職に就いていた桂は、ことがことだけに、直目付《じきめつけ》を通し藩主の意向を質《ただ》しました。結果は「会談は差支えない。場合によっては太宰府に赴くよう」という内意が下されました。

桂は中一日おいて四日に、馬関に向けてすでに山口から旅立っています……。

歴史はこの場合にも味な展開を見せてくれます。

この直前、倒幕を旗印にして長州藩を背負っていた高杉晋作が、ひょんなことから誤解されて命を狙われ、愛妾《あいしょう》おうのと一緒に四国に逃げ出していたのです。蛤御門の変ののち、ずっと但馬《たじま》（兵庫県）の出石《いずし》にのがれて潜伏を続けていた桂が、帰藩を許され長州に戻ってきたのは、晋作逃亡直後の四月下旬のこと。

こうして薩長連合の具体的な話し合いの長州藩代表が、高杉でなく桂となったのは、これまた天の配剤と言うほかはありません。

桂・高杉の人物評を記した中岡慎太郎の書きものが残されています。それには、

「胆あり、識あり、思慮周密、廟堂《びょうどう》の論に堪うるものは桂小五郎。識あり、略あり、変に臨んで惑わず、機を看《み》て動き、気を以て人に勝つものは高杉東行《とうぎょう》（晋

作)」

とある、と中岡雅夫氏が紹介しています。ひと言で言えば桂は〝政略家〟であり、高杉は〝戦略家〟ということになるでしょう。

桂は、ペリー来航の前年の嘉永《かえい》五(一八五二)年から、慶応元(一八六五)年四月の帰国まで、三回の短い帰藩の期間をのぞいて、江戸と京都とで過ごしています。

彼は各藩の尊攘激派の志士から横井小楠、松平春嶽《しゅんがく》、勝海舟など幕府内改良派までをふくむ広い交渉範囲を持っていました。江戸と京都での彼の政治活動は、言ってみれば長州藩とほかの諸雄藩との連合を目的とする周旋《しゅうせん》にあったのです。

その閲歴は自然に、彼に藩を超えた広い視野を身につけさせることになり、京都で活躍する頃から「正藩連合」をしきりに説いていました。高杉と違い自藩の立場を超越して、桂は志士運動のエネルギーの全国的統合を構想することができる男であったのですね。

中岡の秘策は失敗に帰したが……

閏五月六日、その桂が白石邸で待機していた龍馬の前に姿をあらわしました。二人はこのときが初対面です。講談本的には、すでに江戸において二人は剣道の試合をしている親友の間柄、ということになりますが、きちんと史料考証すればおよそあり得ない話と言えます。

このとき、龍馬は挨拶ぬきでいきなり話し出しました。これが龍馬らしさですね。

薩摩の西郷隆盛、大久保一蔵《いちぞう》（利通《としみち》）、小松帯刀《たてわき》らは今度の第二次長征に猛反対。それればかりではなく、幕府を倒して王政復古をはかりたい、と言っている。

そう龍馬が言い、薩長和解を迫りましたが、過去の薩摩藩との確執を思えば、桂は容易なことで頭をタテにふるわけにはいかない。桂が唱えた「正藩連合」には、そもそも仇敵《きゆうてき》の薩摩は入っていないのです。

しかし龍馬はひるまない。一歩も退かない。土方と違い薩摩の事情にもくわしい龍馬の弁は、ますます熱を帯び、きわめて説得的でした。

及ばずながらと土方も加わって、彼らは三日がかりでようやく桂を説得しました。薩長同盟のことは三条実美公も切望している、という龍馬の言葉がついに桂の心を動かしたと言います。桂はただちに井上聞多《もんた》（馨《かおる》）、村田蔵六《ぞうろく》（大村益次《ますじ》郎《ろう》）ら腹心の者を集めて、内々に薩長連合のことを相談。

彼らもまた、そのときが来ているという情勢判断で一致しました。あとは中岡が西郷を連れてくるのを待つだけです。

しかし、閏五月二一日、なんと中岡だけが一人、龍馬らが首を長くして待つ白石邸の浜の門をくぐって上陸してきたんです。

西郷は京都の大久保一蔵から「至急上京すべし」の報を受け、途中で馬関に寄る予定を変更、そのまま大坂に直航したと、中岡が力不足を詫びると、龍馬は地団駄を踏んで口惜しがりました。桂たちの失望はもっと底が深かった……。

「それ見たことか、また芋（薩摩）にバカにされた」

と長州藩士の怒髪《どはつ》は天を衝きます。龍馬は、しかし、すぐに冷静さをとり戻して言いました。

「西郷には西郷の立場もあろうものじゃないか。諸兄の憤慨は十分に察せられるが、要は国家の将来である。この国家的危機のとき、両藩の和解なくして立国はない。今後のことはわれらにまかせて戴きたい」

桂は、龍馬の切論《せつろん》を聞くと、ただちにその誠意を認めました。ならばと、一つの案を出してきます。

それは長州藩が長崎では幕府側の奉行の妨害があって自由な貿易ができないため、必要な艦船・銃砲がなかなか買えないから、それを薩摩藩名儀で買ってもらう、ということです。

その結果によって、薩摩藩の真意を知ることができる、と桂は静かに言いました。

龍馬がニッコリ笑ってこれを快諾します。

慎重と奔放、思索型と行動型……と、およそ性格では対照的と見える桂と龍馬の気は、この初対面のときから妙に合いました。桂が二歳上のほぼ同年齢。そしてともに江戸の水で洗い直したイキな性向の面もあり、互いに信頼し得るものを腹の底で感じとったのかもしれない。

いや、それよりも、藩という枠を超えた大きな日本的視野にもとづく識見と、誠実な人柄を、二人は互いに認め合ったに違いありません。

このあと龍馬と中岡が、西郷のあとを追って上洛します。そして馬関上陸違約のことを厳重にねじ込んだ。

一方で、龍馬が長崎に結成してあった亀山社中の子分たちを総動員、薩摩藩に交渉し、長州藩の要求通りにその名義をもって艦船や小銃を外国商人から購入——と、維新前夜の薩長連合劇がこのあとに展開するのです。

高杉晋作との「運命の出会い」

『白石日記』には、桂小五郎の名がしきりに見え、一〇月七日には「土州坂本良《ママ》馬君、上国より帰りて山口に罷り越し、直に馬関へ出候」などと記されています。もちろん龍馬が山口へ行き、馬関に寄ったのは、薩長同盟工作の縒《よ》りを戻すためでした。

さらに一一月上旬、龍馬は再び馬関に姿を見せます。この間に亀山社中の斡旋《あっせん》で、銃器は無事に長州藩の手に渡りました。

ところが問題が起こります。

グラバー商会から軍艦ユニオン号を購入したものの、条件がついていて、それは乗組員が亀山社中の者でなければならないということでした。それでひと騒動が持ち上がったのです。

当然のこと、長州藩の海軍局が強硬に、それでは話が違う、わが所有船にあらざれば納得できぬ、とクレームをつけてきました。

龍馬が高杉晋作とはじめて顔を合わせたのは、この問題をめぐっての、一一月のある日のことであったと思われます。高杉に苦情に近い相談を持ちかけられたから、ということになりますが、亀山社中に関係した悶着《もんちゃく》であるから、龍馬自ら解決にあたらねばなりません。結果は、亀山社中が購入した軍艦ユニオン号に乗り込みはするが、長州藩の海軍総督の指揮下に入る、という妥協案で解決しました。

作家の徳永真一郎氏（「白石正一郎宅のできごと」『幕末維新異聞』中公文庫）によれば、龍馬と高杉はそのあとの慰労に、白石邸の海の見える奥座敷で、酒を酌み交わしたと言います。そう想像することはなかなか楽しい。二人の盃に酒を満たす役は、当主の白石正一郎です。父子ほど年の違う晋作のためなら、全財産を散じても惜しくはないと思い込んでいる白石の目には、若い龍馬も心を許せる同志と映っていました。

「『きょうの記念の、プレゼントというわけです。お受取り下さい』

自分より四歳年長の龍馬に、終始敬語を使いながら、晋作は、ふところからピストル（拳銃）を、むぞうさに取り出して差し出した。

『これは、六連発ですな。ありがたい。もう剣術で勝負をつける時代じゃないけん、なによりのプレゼントじゃ』

龍馬は、ちょっと、おしいただくようにして、うれしそうにふところへ、しまいこんだ」

徳永氏の書く〝親友交歓〟の図ということになるでしょうか。

いずれにせよ、こうして長州藩はもっとも強く切望していた武器・軍艦を手に入れました。龍馬たちの努力のたまものに違いないのですが、それ以上に、薩摩藩の誠意の印として感謝をもって長州藩はこれを受けとりました。

和解への道は大きくひらけたのです。

一二月には、龍馬と中岡の修復の奔走が実を結び、薩摩側密使として黒田了介《りようすけ》（清隆）が馬関に入り、龍馬の手引きで桂に会うと、桂の京都同行をうながすにいたります。

慎重な桂はいくたびか躊躇したが、藩主からの命もあり、ついに上京を承諾し、一二月二六日、黒田とともに三田尻《みたじり》から船で京へ向かいました。慶応二（一八六六）年正月八日、桂は西郷に迎えられて京都二本松の薩摩藩邸に入ります。

「西郷馬関に来たらず」の失望から実に八カ月余、龍馬・中岡らの努力はここに実を結ぼうとするのです。

しかし、歴史はまっすぐに進みません……。

かくて「薩長同盟」は成立した

軍艦ユニオン号紛糾の後始末をすべてすませて、龍馬が薩摩藩屋敷の門をくぐったのは、それからほぼ一〇日後の一月一九日夜のこと。夢にまで見た薩長軍事同盟がめでたく成立していることであろうと、龍馬は胸をふくらませていました。

しかし、そこで見たのは桂の浮かない顔でした。

「入洛以来、たしかに薩摩側から美酒佳肴の厚遇は受けてはいる。しかし、両藩和解さらには同盟のことに関しては、薩摩側はおくびにも出そうとはしない」

と桂は苦しそうに語りました。

「といって、わがほうから同盟を提言するわけにはいかない。それは第二次長征を前に、孤立無援のわが長州藩が薩摩藩にあわれみを乞うことになるし、薩摩藩をわが藩同様の危地に無理やり引き込むことにもなる。なればこのまま幕府征長軍と戦い、防長（周防《すおう》・長門）二国が焼土となっても、薩摩が残って皇国のため尽くしてくれるならば、われらはそれで満足すべきものと考える」

思慮周密な桂が徹底的に考え抜いたことを口にしている。一語一語、苦痛を押し出すような語調でした。権謀術数の薩摩隼人《はやと》たちとは違って、この男の真底からの誠実さが、龍馬の腹にしみました。

「明日は当地を出発し、帰国のことを決意している」

という桂の淋しそうな言葉に、やれやれ間一髪のところで間に合ったかと、龍馬は胸をなでおろしました。

「君の立場としては、もっともだ……西郷によくその旨をオレの口から話そう」

龍馬は深く肯《うなず》きます。

長州の桂が、坂本龍馬を立会人として、薩摩の小松、西郷と薩長同盟の密約を結んだのは、それから二日後の一月二一日です。盟約は六カ条ですが、それは単なる雄藩連合というより、薩長両藩は明らかに倒幕後の国内体制の確立を目指していました。

そしてこの薩長同盟によって、倒幕勢力は実体のある存在となり、幕末史は最後の曲がり角を回ったことになります。あとは明治維新までまっしぐらでした。

その根底に、資質は違いながら、奇妙なほどの相互信頼によって結ばれた桂と龍馬の終生の友情があったことは、見逃してはいけないことでしょう。

ともあれ、大任を果たしたことに満足しながら、龍馬は二三日に伏見寺田屋に戻っています。

そしてその夜、伏見奉行配下の幕吏に襲撃され、高杉にもらったピストルをもって防ぎ九死に一生を得ます。

この有名な薩長同盟にまつわる危機一髪のエピソードを、二月六日になって、龍馬はくわしく書いて桂小五郎に報告しました。

「是非なくかの高杉より送られ候ピストルをもって打払い、一人を打ちたおし候。……此時初め三放（三発）致し候時、ピストルを持ちし手をも切られ候えども、浅手にて候。そのひまに隣家の家をたたき破り、うしろの町に出《い》で候て、薩の伏見屋敷に引取り申し候……」

あて名は「木圭先生」、署名は「龍」の一字。

山口でこの手紙を読んだ桂はすぐ返書を書いています。桂はまず龍馬の薩長同盟周旋に対し、あらためて「……上京中は大兄の御深意にて微意も徹底、感喜忘れがたく存じ奉り候」と深々と礼をした上で、その後の状況変化を記し、心より龍馬の遭難を心配します。

「大兄伏見の御災難、ちょっと最初承り候時は、骨も冷たく相成り驚き入り候ところ、いよいよ御無難の様子巨細承知、雀躍《じゃくやく》に堪えず候。大兄は御心の公明と御量の寛大とに御任せ候て、とかく御用捨これなき方に御座候えども、狐狸《こり》の世界か豺狼《さいろう》の世界か相分らぬ世の中につき、少しく天日の光り相見え候までは何事も御用心、神州の御為《た》め御尽力肝要の御事に御座候。……」

あて名は「龍大兄」、署名は「木圭」と、これまた龍馬の手紙に答えています。

桂の龍馬の人柄理解の見事さ、とともに、「骨も冷たく相成り驚き入り候」と友情の深さをそのまま文面にあらわしています。

「高杉坂本同道にて〝馬関〟へ行く」

薩長同盟の密約が成って、幕末史の舞台はいっきょに京都、そして江戸へ移っていきます。

しかし、爆発点としての馬関は、なお最後の火花ともいうべき華やかな局面を迎えるのです。慶応二（一八六六）年六月、幕府は第二次長州征伐の準備をやみくもに急ぎ、ついに長州の四つの国境から攻撃を開始。いわゆる四境《しきょう》戦争です。薩摩藩名義で手に入れた近代兵器で武装した長州藩では士気横溢《おういつ》、一方の幕府の命令で嫌々参加した征長軍各藩は、はじめから戦意がほとんどなく、勝敗は戦わぬうちから明らかでした。第一に肝心の強力な薩摩藩は一兵も参加させていません。

小倉口《こくらぐち》すなわち馬関海峡戦を指揮したのは高杉晋作です。六月一七日、軍艦を連ねて門司・田ノ浦を砲撃することによって戦端をひらく作戦を立てました。

面白いことに、このときちょうど、坂本龍馬が、亀山社中の面々とともにユニオン号（乙丑丸《いっちゅう》）に乗り組んで、馬関に到着したのです。

ふだんは無愛想な高杉は、このとき満面に喜びの色をたたえて、龍馬たちを迎えたと言います。

軍艦五隻《せき》を連ねた一七日早暁の奇襲は大成功でした。軍艦の砲撃の支援のもとに闘志のかたまりとなった諸隊が、海峡を突破し小倉領内へ上陸作戦を敢行。敵砲台はもろくも一日で壊滅しました。

高杉は勝利におごることなく、暴れるだけ暴れると、全軍に馬関への引き揚げを命じましたが、これは戦いの前途を決定づける鮮やかな勝利となりました。

龍馬は、後日、国もとの兄や姉にこう書き送っています。

「……頼まれてよんどころなく、長州の軍艦を率いて戦争せしに、これは何の心配もなく、誠に面白き事にてありし。総じて話は実と相違すれど、軍《いくさ》は別して然り」

そしてまた、六月二〇日の『白石日記』にはこんな記載がある。

「朝、土州坂本良馬《ママ》君入来、高杉君と談話同道にて帰省。薩人右田伝兵衛今朝より太宰府まで遣わすべきはずのところ、薩人山田孫一郎氏来関につき止めに相成。……右につき高杉坂本二君同道にて馬関へ行かれ候、夜遅く此方へ帰省」

これによると、予想以上の戦勝に気をよくした高杉と龍馬が、さてこのあといかにすべきかについて、顔をつき合わせて談合していたらしい様子が見てとれます。

七月一日、馬関より出撃し再び門司に上陸した長州軍は、小倉陣営に大きな打撃を与えました。龍馬はこのとき山口方面に出張していたようです。兄とも思う親友桂あての七月四日付けの手紙が残っています。

「……下ノ関は又戦争と、弟（龍馬のこと）思うに、どうぞ又やじ馬はさしてくれまいかと、早々道を急ぎたく、御差添えの人に相談仕り候ところ、随分よろしかるべしとて夜をかけて道を急ぎ申し、四日朝、関に参り申し候」

大いに野次馬ぶりを発揮して、龍馬は勝ち戦を楽しんでいます。

七月二七日、連戦連勝の長州軍は勢いに乗じ、敵の本拠たる小倉城を目指し進撃を開始します。三たび海を渡って強襲をかける長州軍のために幕府軍は敗走に敗走を重ねました。

七月三〇日、幕府軍の総大将小笠原壱岐守《おがさわらいきのかみ》は本営を脱出し、軍艦に乗って長崎に向け逃走。戦いの帰趨《きすう》はここに決しました。

八月一日、味方によって火をつけられ小倉城は炎上し、城兵たちはちりぢりに逃げ散ったのです。

大勝利を導いた「英雄」の死

野次馬的な参加者たる龍馬が、この戦陣においてどのように活躍したか、その足跡はさだかではありません。

そして長州軍総大将の高杉は、このあと大量の喀血《かっけつ》をして、病状は極端に悪くなりました。これより前、『白石日記』には七月二二日に早くも「高杉君不快」の文字が見えている。労咳《ろうがい》、今で言う肺結核です。

龍馬が兄たちに送った手紙が、高杉の短い生涯を飾る最後のはれ姿を活写しています。

「高杉晋作は……薩州の使者村田新八と色々と話しいたしなどし、へたへた笑いながら気をつけて、敵肥後の兵などにて強かりければ、晋作下知して酒樽などかきいだして、戦場にてこれを開かせなどしてしきりに戦わせ、とうとう敵を打ち破り、肥後の陣幕旗印など残らず分取りいたしたり」

へたへた笑ったり、酒樽《さかだる》を最前線へ持ち出したり、高杉の奔放な指揮ぶりがまことに面白い。

しかし長州軍にとっての戦勝のときは、高杉にとっては死を迎えるときとなりました。以後再び立つこともなく、翌慶応三（一八六七）年四月、高杉は白石家の親戚の離れ屋で息を引きとりました。満二七歳八カ月、字義通り怒濤《どとう》のような一生でした。

そして今、史料を調べると、高杉が死の床にあった慶応三年の春、龍馬は馬関の東の阿弥陀寺町《あみだいじちょう》でお龍《りょう》とともに、しばしの夫婦生活を楽しんでいます。作家・冨成博《とみなりひろし》氏によると、その龍馬が、すぐそばで高杉が今や死なんとしていることを、知らなかったようなのです。

ということは、龍馬と高杉はあまりにも同じ資質を持つゆえに、それほど親しくなれなかったのか。非凡な考え方といい、言行つねに意表に出ることといい、互いに自分の分身を見る思いであったでしょう。

しかしながら、自分の影に惚れ込むような、甘さは二人にはなかった。人間というものの不思議を思うほかはありませんね。そしてその龍馬が、京都三条河原町の近江屋の二階で、中岡とともに凶刃《きょうじん》に斃《たお》れたのは、同じ年の一一月一五日のことです。

ついでに記せば、高杉の死後、『白石日記』にはさしたる記事も見られなくなりました。白石正一郎はこの頃から人が変わったように、あらゆることにやる気を失《な》くしたのです。よほど高杉の死がこたえたのでしょう。維新後はひっそりと沈黙を守りとおしました。

そして馬関はすっかり時代にとり残された。そして白石の営む廻船問屋は明治八（一八七五）年に倒産、姿を消したと言います。

それにしても、「日本史のクライマックス」とも言える幕末は、現代のわれわれの枠におさまりきらない魅力的な人物が、とくに多いように感じます。共通しているのは、私心にとらわれていないというところです。

しかも、ベストタイミングで彼らは出会っている。まるで偶然を超えた何かがあるようです。

どうも歴史には、

「こういう大事なときに、この人とこの人を会わせておきたい」

といった「天の意思」が働くのではないか——と思えてならないのですね。

「幕末史」に学ぶ——長い「あとがき」として

◎歴史とは、「現在」そして「未来」のためにある

二〇〇三年に私は、筑摩書房から『それからの海舟』、二〇〇八年に新潮社から『幕末史』という四六〇ページを超える厚い本を上梓しました。どちらもひと言で言って、「反薩長史観」と言っていい、少々風変わりな見方にもとづく本でして、それがかえって目新しかったのでしょうか、思いもかけずともに多くの読者に歓迎されました。

この二冊のおかげで突然、もっぱら昭和史・太平洋戦争史の研究に入れ込んできた私に、幕末・維新に関する原稿の注文がいくつも飛び込んでくるようになり、いつしかこちらのほうも得意の分野のごとくになっていきました。それで自分でも思ってもみなかったほど、たくさんの原稿を書きました。

本書は、今まで篋底《きょうてい》で眠っていたそれらの原稿に「陽《ひ》の目を見せてやりましょ

うよ」という三笠書房さんの心温かいご要望があり、本当の専門家でもないのに、ついいい気になってできた「反薩長史観」の三冊目の本、ということになります。実を言うと、「初出一覧」を見ていただければわかるように、昔に書いたものが多く、はたして読者に喜んでもらえるだけの内容のあるものなのかどうか、はなはだ心許《こころもと》ないところもあったのです。それに、多くの原稿の束を読み直し、ましなものを選び出す、という作業を三笠書房さんに協力してもらいました。

とにかく一冊にまとまるということは嬉しいことでありますので。

さて、本書の原稿を読み直しているとき、ふーと、何か大切なことを書き落としているような気分に襲われました。しばらくはそれが何であるか明瞭でなかったのですが、やがてわかりました。

今、私たちは戦後七〇年の節目を迎えています。そのときに求められているのは、あの戦争から七〇年の時間をかけることによってどんな教訓を得たか、また、それをどう日本の明日のために生かしたらいいか、ということに答えること。それと同じことなのです。

「幕末史」に何か学ぶことがあるか、あるとすれば何を学んだらいいか、それを明日のためにどう生かしたらいいか、そのことについてひと言ふれておかねばならないのではないか――そう気づかせられたのです。

歴史に学ぶということは、つまりそういうことであるからです。

と、一応は書きますが、これはどうして、ものすごく答えを出すのに困難な設問なのです。一筋縄でいく話ではありません。○×式で答えの出るような、簡単なものではない。

そこをあえて短く教訓を得てしまおうというのですから、随分と無謀なことなのですが……。

◎こうして「幕末」は〝幕〟を開け、その〝幕〟を降ろした

本書で繰り返し書いていますが、幕末の機軸となった日本人の精神は「攘《じょう》夷《い》」ということでした。それがすうっと「開国」に変わってしまう。その理由の

根っこのところには、外国列強によって植民地化されることへの恐怖がありました。

その結果として、外圧をきっかけにして三〇〇年近くに及んだ幕藩体制を、武士たちが自覚的に壊していった。あえて自己変革していったのです。

一つには、幕府の財政が破綻《はたん》してしまっていたこと。他の一つには薩英戦争(一八六三年)、さらに翌年の英仏蘭米四カ国連合艦隊の下関攻撃の二つの対外戦闘で、完膚《かんぷ》なきまで攘夷思想が叩きつぶされたことによるのですが。

もう封建体制では生き残ってはいけない、欧米列強のような近代国民国家をつくらなければ、もはやこの国は世界のなかで生き残ってはいけないということを、武士階級がまことに素早く自ら認識したからです。

つまり、開明的な人たちは実によく勉強していたのです。彼らがいちばん海外の歴史文献で学んだのは、アヘン戦争(一八四〇～四二年)のことです。四億ぐらいの人口を持つ巨大な清国が、なぜわずか二〇隻《せき》ぐらいの軍艦を率いてきたイギリス海軍にいともあっさりと完敗してしまったのか。

佐久間象山《しょうざん》も勝海舟も横井小楠《しょうなん》も大久保一翁《いちおう》も、遅れてきた坂本龍馬も、そのほかの人々も、徹底的に分析し、その理由を学びました。彼らはそれをリアリスティックに考えたのです。

当時の欧米の軍艦の大砲の弾丸は流線型で射程距離三〇〇〇メートル、当たれば二〇メートル四方ぐらいを吹き飛ばすほどの殺傷力があったと言われます。ところが日本の大砲の弾丸のほとんどは、戊辰《ぼしん》戦争などの記述にあるように丸い弾丸で、殺傷力など何ほどのこともなかったようなのです。一説に、鉄の陣笠《じんがさ》に命中したらかぶっていた男が気絶したくらい、と言います。まさか、とは思いますが。

では、列強に劣らないくらい強大な軍事力を備えればいいではないか、ということになります。

それはその通りですが、単に多量の武器を買って輸入するだけですむことではありません。それを分解し、原理を理解し、自分たちで改良し、生産し、さらに自在に駆使しうる社会組織を新しく形成しないことには、真の戦力にならぬ。そうすることが大問題で、目指すのは統一的国民国家ということになる。やんぬるかな、「開国」せざるを得ないではないか。

そう考えることこそが、真のリアリズムというわけなのです。

西郷隆盛とか大久保利通《としみち》とか岩倉具視《ともみ》とかのマキャベリストとは異なり、開明的な人たちは、一日も早い国民国家の建設を大真面目に大目標として開国を主張した。それで殺された人も多く出ました。

その一方に、革命家・西郷の言葉ではありませんが、「士気を鼓舞するため」に攘夷を唱え、するりと開国に衣更《ころもが》えした人たちもいる。でも、とにかく自分の国家観を改めざるを得なかった。こっちのほうが多かったかもしれません。

こうして二〇〇年以上続いた鎖国の落差をいっぺんに埋めたのですから、思想的混乱が起きたのは当然でしたでしょう。

そして、ちょっとマイナス的なことを言うと、攘夷と開国は相反するものではなくて、実は表裏一体のものだという論理を構築し、それを見事に革命運動の道具に仕上げたのが、西郷、大久保、岩倉たちでありました。本当はやらなくてもいい国内戦争をやり、彼らが勝者となり、その後は巧みにこれを正当化した。それが私の言うところの「薩長史観」、つまり〝官軍〟と〝賊軍〟の史観というわけです。

ただし、これで万事をすましては間違いだ、と私は言いたいのです。

それにしても、幕末には本当によき人材がそろっていましたね。別の見方をすれば、この時代の最大の政治的変革は何か、それは人材の登用であった。そこが大事だと思うのです。

門閥制度から脱却して、実力主義、実績主義でどんどんこれはという人物を起用した。これをいちばん主張したのが横井小楠であり、勝海舟ではなかったかと思います。極論をすれば、組織の論理ではなく、優れた人材を登用すれば歴史は変わる、ということであったわけです。

ところが、たとえば徳川慶喜《よしのぶ》は、そうしませんでした。自分自身が有能であるためでしょうね。象山、海舟、原市之進、西周《あまね》、それに福沢諭吉を加えてもいいでしょう、幕臣のこれほど優秀な人材を誰も登用しなかった。象山、市之進らが殺されても知らんぷり。これではとうてい政治改革の柱になることはできません。

――と書いてくれれば、幕末史から何が学べるか、何を学ぶべきかは、自然と明瞭になってくるでしょう。

◎時代を動かす「リアリズム」の力を

とにかく、今、日本人が直面しているのは、私たちはいったいどういう国をつくろうとしているのか、ということです。バブル崩壊後の空白の二十数年と言いますね。要するに、明確な国家目的のない、借金だらけの〝経済大国〟のままできている、というわけです。

経済的な機動性と技術の進歩、情報の普遍化などにより小さくなった地球で、もはや孤高のお金持ちの島ですましていられないという厳しい現実にわれわれは直面している。つまり、国際社会の主役の一国としてゲームに参加し、手持ちのカードをきちんと示さなければいけないのに、困ったことに、国そのものがぐらぐらし、頭の悪い権力層をてっぺんにいただいてブレ続けているのです。

考えてみると、非戦憲法を機軸に高度成長を国家目的として、長いこと国際政治からの不在といった戦後史を引っ張ってきたのですから、自国以外の国家のいろいろな動きを想像する能力を日本人はみんな失ってしまっているかもしれません。

しかも戦後の教育のせいで、〝歴史を知らない国民〟になっている。

そのために、われわれは、他民族のことを無理にも考えさせられるような立場になると、たちまちに思考停止となり、高慢になり、自己本位的になり、攻撃的になる、という非難を浴びせられることが多いのです。

はたして、昭和戦前のような超国家主義的な反発を起こさずに、いつまで世界のさまざまな国からの圧力に日本人は身をさらしていられるのでしょうか。

外圧に対して自己主張を強硬にすればするほど、受ける外圧は強くなり、さらに頑迷なほど自己主張的になり、孤立化する。この悪循環が戦前のようにとめどなく進行したりすれば、やがてこの国を再び亡国に導くということになりかねません。

猛烈な外圧が押しかぶさってきて集団が崩壊しようとするとき、あるいは既存の流儀の効力がゼロになってしまったとき、日本人は突破口を見出そうと高揚し、急激に一つの方向に意思を統一する。きまってそれは「攘夷」の精神となってあらわれる。

それがいかに危険なことかは幕末史、そして昭和戦前史がきちんと語ってくれているのです。

要は、私たちは〝リアリズム〟に徹せねばならない、ということです。日本という国の国力の限界をしっかりと見定めることです。

地政学的な日本本土の位置を認識することです。そして冷静に、感情的情緒的にならず、情報や情勢を分析し、今は何がいちばん大切かをきちんと判断することです。そうです、私の好きな勝海舟のように、です。

そう思えば思うほど、ある意味で最大の国難を切り抜け、幕末・維新の改革がまことにうまく成功してしまったばかりに、逆にこの国の人々は歴史観を歪《ゆが》めてしまったところがあるのではないか、という気がしてくるのです。

すなわち近代日本は、「薩長史観」できれいにつくられて正当化されすぎた。

危機一髪の場面で、その場その場に優れた人物が存在し、その人たちの揺るぎない信念によって歴史が進行していった、ような理解があります。が、事実はそんなカッコのいいものではない。そのことは部分的な事実しか掘り起こしたにすぎない本書を読まれるだけでも、あるいはわかっていただけるのではないかと思うのです。

その上で私は憂えているのです。

今のこの国はよき人材が少なすぎるのではないか、ということを——。

世の中は、いつの時代でもやはり相当に卑しい者が多いものなのです。何はともあれ立身出世。そのいちばん近道ということで東大、京大、早大、慶大などがあるというわけです。

大学を出れば優秀な人材というわけではありません。それでとくにいけないのは、卒業時に優秀なやつが国家を動かす官僚になるという今のシステムです。しかも一般的にその時点の成績でその後の処遇が決まることがしばしばで、仕事ぶりとかその後の成果はほとんど影響しません。

戦前の軍隊がそうでした。海軍ならハンモックナンバー（海軍兵学校の卒業席次）、陸軍なら天保銭《てんぽう》（優等生に与えられた記章）、そして恩賜の軍刀というわけです。この連中が参謀本部作戦課とか軍令部作戦課に集結してタコツボのエリート集団主義をつくって、ほかからの意見など採り入れようとはしなかった。そして国策を誤った。

今の日本も、この官僚主導体制がまさに牛耳《ぎゅうじ》っていると言っていいのではありませんか。

幕末は、サムライが自己変革して新しい国家をつくろうと、誰も彼もが真摯《しんし》に身を挺《てい》してあるだけの力を出しきりました。そして優れた人材をどんどん起用しました。

さて、今のこの国にそれだけの「自己変革の力」があるのでしょうか。

進化論で言うと、衰退する枝にひとたび入ってしまった植物はかならず滅びると言いますから。そんな進化論の原理を思うにつけ、この国は……と、それが八十爺いの心配なのです。

長すぎる「あとがき」になりました。これで終わりですが、あとは本書が読者の皆さんを退屈させることがないように！　今はそれを祈るばかりです。

なお、引用の日記や書簡などの文献は、句歌をのぞき、新かな、新字とし、ときに漢字をひらき句読点をほどこすなど、読みやすくしたことをお断りいたします。さらに難しい手紙などを私流にやさしく解釈したりしています。歴史を知らない近頃の若い人たちに読んでもらいたいと思うからです。また、外国人以外の年齢は数え年で統一しました。

二〇一五年四月一一日——慶応四（一八六八）年のこの日、江戸城が無血開城されました。

半藤一利

初出一覧

第1章
「幕末史と平成日本　明治維新は非情の改革だった」（『文藝春秋』二〇〇九年五月号　文藝春秋）
第2章
「幕末心理戦争　西郷隆盛と勝海舟」（『おとなの週末増刊 ゴクウ 吾空』二〇〇九年一二月号　講談社）
第3章
「維新の風雲児　勝海舟」（『ABC』二〇〇八年一一月号　朝日生命）
「勝海舟の剣と禅」（『武道』二〇一三年二月号　日本武道館）
第4章
「河井継之助『士道』に殉じた北越の俊傑」（『プレジデント』一九八二年八月号　プレジデント社）
第5章
「坂本龍馬とその時代」（『サライ』二〇一〇年二月号　小学館）
「なぜ龍馬は殺されたのか？」（『ABC』一九九八年一月号　朝日生命）
「龍馬はなぜ皆に好かれ、なぜ皆を感服させたのか」（『文藝春秋増刊 くりま』二〇一〇年一月号　文藝春秋）
第6章
「桂小五郎『近代精神への共鳴』薩長連合成る」（『プレジデント』一九九二年七月号　プレジデント社）

＊本書収録にあたり、加筆、改稿を行なっています。

主要参考文献

アーネスト・サトウ『一外交官の見た明治維新』（上・下巻）岩波文庫　一九六〇年／荒木昌保編『新聞記事で綴る明治史』（上）亜土　一九七五年／石井孝『明治維新の国際的環境』吉川弘文館　一九五七年／石井孝『維新の内乱』至誠堂新書　一九七四年／石井良助・朝倉治彦編『太政官日誌』（第六巻）東京堂出版　一九八一年／石川忠久『新釈漢文大系112　詩経』（下）明治書院　二〇〇〇年／稲生典太郎『明治史要』小峰書店　一九五六年／今泉鐸次郎『河井継之助伝』目黒書店　一九三一年／大久保利謙編『明治政府』人物往来社　一九六五年／岡義武『近代日本政治史』（1）創文社　一九六二年／岡義武『黎明期の明治日本』未來社　一九六四年／桶谷秀昭『草花の匂ふ国家』文藝春秋　一九九九年／大佛次郎『天皇の世紀』（1〜17）朝日文庫　一九七七〜七八年／小田村寅二郎編『新輯日本思想の系譜』（文献資料集〔下〕）時事通信社　一九七一年／霞会館華族資料調査委員会編纂『東久世通禧日記』（上巻）霞会館　一九九二年／勝海舟『氷川清話』講談社学術文庫　二〇〇〇年／勝海舟全集刊行会編『勝海舟全集』（1・2・22）講談社　一九七六年・一九八二年・一九八三年／勝部真長他編『勝海舟全集』（11・19）勁草書房　一九七三

年・一九七五年／黒板勝美編『続徳川実紀』（第三・四・五篇）吉川弘文館　一九九九年／西郷隆盛全集編集委員会編纂『西郷隆盛全集』（第一巻）大和書房　一九七六年／佐々木克『戊辰戦争』中公新書　一九七七年／佐々木克『志士と官僚』ミネルヴァ書房　一九八四年／司馬遼太郎『竜馬がゆく』（1・8）文春文庫　一九九八年／司馬遼太郎『峠』（上・中・下）新潮文庫　二〇〇三年／渋沢栄一編『昔夢会筆記』平凡社　一九六六年／下関市市史編修委員会校訂『白石正一郎日記』下関市役所　一九五九年／杉森久英『明治天皇』中央公論社　一九八六年／田中惣五郎『大久保利通』千倉書房　一九三八年／妻木忠太編『維新後大年表』有朋堂書店　一九二八年／童門冬二他『幕末維新異聞』「白石正一郎宅のできごと」（徳永真一郎著）中公文庫　二〇〇二年／富田信男編著『明治国家の苦悩と変容』北樹出版　一九七九年／奈良本辰也『歴史に学ぶ』潮出版社　一九八一年／日本史籍協会編『木戸孝允日記』東京大学出版会　一九六七年／日本史籍協会編『大久保利通日記』東京大学出版会　一九六九年／日本史籍協会編『木戸孝允文書』（八）東京大学出版会　一九七一年／日本史籍協会編『勤王秘史　佐佐木老侯昔日談』（二）東京大学出版会　一九八〇年／日本史籍協会編『坂本龍馬関係文書』（一・二）北泉社　一九九六年／日本史籍協会編『維新日乗纂輯』（第一巻）「白石正一郎日記」マツノ書店　二〇一四年／萩原延壽『遠い崖』

（11・12巻）朝日新聞社　二〇〇一年／萩原延壽『遠い崖』（7・13巻）朝日文庫　二〇〇八年／橋本敏夫『勝海舟戊申日記』金鈴社　一九四三年／半藤一利『聖断　昭和天皇と鈴木貫太郎』ＰＨＰ研究所　二〇〇三年／半藤一利『それからの海舟』ちくま文庫　二〇〇八年／半藤一利『幕末史』新潮文庫　二〇一二年／日置英剛編『新国史大年表』（第六巻）国書刊行会　二〇〇六年／平尾道雄『竜馬のすべて』高知新聞社　一九八五年／福地源一郎『幕府衰亡論』平凡社　一九六七年／松浦玲『勝海舟』中公新書　一九六八年／松浦玲『徳川慶喜』中公新書　一九七五年／松尾正人『廃藩置県』中公新書　一九八六年／宮地佐一郎編『新版　坂本龍馬全集』（増補改訂版）光風社出版　一九八〇年／宮地佐一郎『龍馬の手紙』講談社学術文庫　二〇〇三年／村松剛『醒めた炎』（上・下巻）中央公論社　一九八七年／横川四郎編『坂本龍馬　由利公正集』誠文堂新光社　一九三五年／渡辺幾治郎『明治天皇』明治天皇頌徳会　一九五八年

関連年表

嘉永六年（一八五三）	六月	ペリー提督が浦賀に来航 幕府に開国を要求
	一〇月	徳川家定が一三代将軍に就任
嘉永七年・安政元年（一八五四）	一月	ペリーが再来航
	三月	日米和親条約締結
安政二年（一八五五）	七月	幕府が長崎海軍伝習所を開設（勝海舟入門、のちに教監も兼務）
	一〇月	安政の大地震（江戸大地震）
安政五年（一八五八）	四月	井伊直弼が大老に就任
	六月	日米修好通商条約調印
	七月	将軍徳川家定死去（享年三五） 薩摩藩主島津斉彬死去（享年五〇）
	一〇月	徳川家茂が一四代将軍に就任
安政六年（一八五九）	一〇月	吉田松陰、安政の大獄で刑死（享年三〇）

安政七年・万延元年（一八六〇）	一月	咸臨丸がアメリカへ出発（勝海舟が艦長格）
	三月	桜田門外の変で井伊直弼暗殺（享年四六）
万延二年・文久元年（一八六一）	四月	和宮、内親王になる（翌年二月に家茂と婚礼の儀）
文久二年（一八六二）	四月	寺田屋事件で薩摩の尊皇攘夷派が粛清される
	八月	生麦事件で薩摩藩士が英国人を殺害
	閏八月	松平容保が京都守護職に就任
文久三年（一八六三）	三月	壬生浪士組（のちの新撰組）結成
	五月	長州藩が下関で外国船を砲撃
	六月	高杉晋作が奇兵隊を結成
	七月	薩英戦争勃発
	八月	八月一八日の政変、薩摩・会津藩が攘夷派の長州勢を京都から追放
文久四年・元治元年（一八六四）	六月	池田屋事件
	七月	蛤御門の変（禁門の変）
		第一次長州征伐（西郷隆盛が総参謀長）
	八月	下関戦争で四カ国連合艦隊に長州が降伏

元治二年・慶応元年（一八六五）	五月	坂本龍馬が長崎で亀山社中を結成
慶応二年（一八六六）	一月	薩長同盟成立（西郷隆盛、桂小五郎らが盟約）
	六月	第二次長州征伐開始→九月に休戦
	一二月	徳川慶喜が一五代将軍に就任
慶応三年（一八六七）	一月	明治天皇が皇位につく
	四月	高杉晋作死去（享年二九）
	一〇月	徳川慶喜が大政奉還の建白書を朝廷に提出
	一一月	坂本龍馬が暗殺される（享年三三）
	一二月	王政復古の大号令
		小御所会議で慶喜の辞官納地が決定
慶応四年・明治元年（一八六八）	一月	鳥羽・伏見の戦い、戊辰戦争始まる
	二月	徳川慶喜、上野寛永寺に謹慎
	三月	西郷隆盛と勝海舟、江戸城開城について会談
		「五箇条の御誓文」発布
		勝海舟、イギリス公使パークスと会談
	四月	江戸城無血開城

明治二年（一八六九）	閏四月	政体書公布、太政官制をしく
	五月	奥羽越列藩同盟成立
	七月	越後長岡藩が再陥落
	九月	会津藩、盛岡藩など降伏し奥羽戦争終結
	五月	箱館五稜郭の戦いで、榎本武揚ら降伏し戊辰戦争終結
	六月	版籍奉還
明治四年（一八七一）	二月	御親兵（のちの近衛兵）創設
	七月	廃藩置県
	一一月	岩倉使節団、欧米へ出発
明治五年（一八七二）	八月	学制公布
	九月	新橋～横浜間で鉄道開業
	一二月	太陽暦を採用
明治六年（一八七三）	一月	徴兵令公布
	六月	征韓論が閣議の議題に上がる
	七月	地租改正条例公布

明治七年（一八七四）	九月	岩倉使節団、帰国
	一〇月	西郷隆盛、征韓論争に敗れる
	二月	佐賀の乱
明治九年（一八七六）	三月	帯刀禁止令（廃刀令）公布
	一〇月	神風連の乱、秋月の乱、萩の乱
明治一〇年（一八七七）	二月	西南戦争勃発
	五月	木戸孝允死去（享年四五）
	九月	西郷隆盛自刃（享年五一）、西南戦争終結
明治一一年（一八七八）	五月	大久保利通、暗殺される（享年四九）

本作品は、二〇一五年五月に三笠書房より刊行された。
文庫化にさいし、編集部にて、人名・地名の固有名詞に
振り仮名を多く施すこと等の編集にあたった。

著者紹介
半藤一利（はんどう　かずとし）
1930年、東京生まれ。東京大学文学部卒業後、文藝春秋入社。「漫画読本」「週刊文春」「文藝春秋」編集長、専務取締役などを経て、作家。『遠い島 ガダルカナル〈新装版〉』『レイテ沖海戦〈新装版〉』（以上、PHP文庫）等、多数の著書がある。1993年、『漱石先生ぞな、もし』で第12回新田次郎文学賞、1998年刊の『ノモンハンの夏』で第７回山本七平賞、2006年、『昭和史 1926-1945』『昭和史 戦後篇 1945-1989』で第60回毎日出版文化賞特別賞、2015年には菊池寛賞を受賞。2021年１月逝去。

ＰＨＰ文庫　もう一つの「幕末史」

2024年２月15日　第１版第１刷

著　者　半　藤　一　利
発行者　永　田　貴　之
発行所　株式会社ＰＨＰ研究所
東京本部　〒135-8137　江東区豊洲5-6-52
ビジネス・教養出版部　☎03-3520-9617（編集）
普及部　☎03-3520-9630（販売）
京都本部　〒601-8411　京都市南区西九条北ノ内町11

PHP INTERFACE　https://www.php.co.jp/
組　版　株式会社PHPエディターズ・グループ
印刷所　株式会社光邦
製本所　東京美術紙工協業組合

ISBN978-4-569-90381-1